# DE LA PEINE DE MORT EN MATIÈRE POLITIQUE

FRANÇOIS GUIZOT

ALICIA ÉDITIONS

# TABLE DES MATIÈRES

|     |     |
| --- | --- |
| Préface. | 1 |
| 1. Limites de la question. | 8 |
| 2. De l'efficacité matérielle de la peine de mort. | 12 |
| 3. De l'efficacité morale de la peine de mort. | 23 |
| 4. Suite du précédent. | 37 |
| 5. Double caractère du gouvernement. | 43 |
| 6. De la justice. | 50 |
| 7. De la nécessité. | 61 |
| 8. Moyens. | 69 |
| 9. De la poursuite et de la qualification des crimes politiques. | 71 |
| 10. Du droit de grâce. | 83 |
| 11. Conclusion. | 91 |

# PRÉFACE.

*« Ô sépulcre ! où est ta victoire*
*» Ô mort ! où est ton aiguillon ? »*

— ÉPÎTRE DE SAINT PAUL AUX CORINTHIENS, C.
XV, VERS. 55.

On demandera peut-être ce que j'espère de cet écrit.
 Je n'espère pas, j'en conviens, que les gouvernements demeurent convaincus de l'inutilité politique de la peine de mort, encore moins qu'ils renoncent à s'en servir. La vérité se glisse lentement dans l'esprit du pouvoir, et quand elle y entre, ce n'est pas pour y régner aussitôt. Il refuse longtemps de la croire : forcé de la croire, il refuse longtemps de lui obéir. Je n'ai pas besoin d'en dire les raisons.

Précisément à cause de cela, il faut, quand le pouvoir se trompe, se hâter d'en convaincre le public, d'établir dans l'opinion ce qui ne pénétrera que si tard dans les faits. Plus la route est longue, plus on doit se mettre en marche de bonne heure : on peut alors, même avant d'arriver, obtenir quelques résultats. En vain l'erreur ne cesse pas d'être pratiquée ; dès qu'elle est connue, elle est affaiblie. La société est faite aujourd'hui de telle sorte que le pouvoir est à demi vaincu quand le public juge qu'il a tort. Il a beau persister ; en persistant il hésite, il se sent en présence d'une force qui lui impose. Peu à peu l'opinion qu'il combat l'envahit lui-même, il ne lui cédera pas encore, mais il hésitera davantage. D'abord la crainte, ensuite le doute jetteront le trouble dans son action : il sera timide et fera des fautes en usant d'un moyen que la société réprouve, auquel lui-même il ne croît plus. Il faut le pousser vers cette situation, il faut mettre ses erreurs en lumière ; quand le jour les aura frappées, la force qu'il s'en promet sera d'un emploi plus difficile, et les fautes qu'il commettra en s'en servant l'énerveront entre ses mains.

Je crois le moment favorable pour attaquer ainsi l'usage de la peine de mort en matière politique. L'action directe de la vérité est faible et lente ; mais quand la vérité procède par voie de réaction, elle a bien plus d'énergie. Au milieu des mœurs douces du dix-huitième siècle, on a vivement combattu les lois cruelles, les rigueurs politiques, la peine de mort. Tout semblait tendre à les supprimer, à les restreindre du moins, et beaucoup d'honnêtes gens croyaient la victoire gagnée. La révolution est survenue ; et les lois cruelles, les rigueurs politiques, la peine de mort se sont déployées avec une violence inouïe. Tant d'espérances déçues ont pu craindre que l'empire des idées qui les avaient fait naître ne fût une illusion ; l'erreur serait grande. C'est maintenant au contraire que ces idées peuvent revendiquer, qu'elles exerceront le plus d'empire ; elles ont à se prévaloir d'une expérience récente, effroyable ; il leur est aisé, en l'exploitant, de se dégager des rêveries de leur enfance, de s'armer d'exemples au lieu de promesses, de se réduire aux plus simples notions du bon sens. Malgré le scepticisme de notre temps, elles trouveront les esprits disposés à les accueillir. La révolution a fait, à l'emploi de la peine de mort en politique, beaucoup plus d'ennemis que n'avaient pu lui en susciter tous les livres, toutes les paroles de la philanthropie philosophique ou littéraire ; elle a laissé, à ce sujet, une impression bien plus efficace que des idées, qui surmonte même les opinions en apparence les plus contraires. Beaucoup d'hommes se récrieraient aujourd'hui si on essayait de leur faire admettre la suppression, même partielle, de la peine de mort, comme une nécessité générale, conséquence d'un droit ou d'une théorie ; peut-être diraient-ils que ce sont là les chimères qui ont fait la révolution. Mettez ces mêmes hommes en présence des faits ; qu'ils aient à se servir, comme juges, comme jurés de ce terrible moyen, ou seulement qu'ils en voient l'usage devenir un peu fréquent : l'expérience reprendra sur eux tout son pouvoir ; ils douteront de la nécessité, de la justice ; de tristes souvenirs éveilleront de tristes pressentiments ; ils auront à la fois des incertitudes et des craintes ; ils se rappelleront ce qu'ils ont vu, ce qu'ils ont souffert ; ils se méfieront d'une politique qui chemine dans de telles voies, qui engendre de telles nécessités ; ils n'auront pas plus de foi dans ses succès que dans ses raisons ; ils hésiteront à la servir selon son vœu. Et ainsi, en dépit des opinions théoriques, souvent même en dépit des situations, un instinct général, un bon sens public, fruit d'une rude expérience, combattra l'emploi de la peine de mort en politique, avec bien plus d'efficacité que tous les arguments et toutes les promesses de la philosophie.

Je veux justifier cet instinct, rechercher et produire toutes les preuves de sa légitimité.

Est-ce bien urgent ? Le pouvoir se montre-t-il si avide et si prodigue de la peine de mort ? Sommes-nous tellement assaillis par les supplices qu'il faille sonner l'alarme et traiter la politique de nos jours comme si elle ressemblait à cette politique désastreuse dont les rigueurs judiciaires furent jadis le grand et habituel instrument ?

Je déteste l'exagération, car c'est le mensonge. Je ne cherche point à entretenir ou à susciter des peurs aveugles que je n'éprouve point ; je ne forme entre nos temps et des temps déplorables aucune comparaison. Cependant je voudrais qu'on me dît ce qu'il faut attendre, en pareille matière, pour avoir droit de parler. Si la peine de mort est, en politique, inefficace, inutile, dangereuse même, pourquoi tarder à le dire ? Pourquoi taire la vérité jusqu'au jour où des faits terribles viendraient la proclamer ? Ces faits, dit-on, ne viendront point. S'ils ne doivent pas venir, ce n'est pas un livre qui les amènera ; s'ils étaient jamais possibles, qui se pardonnerait de ne les avoir pas dénoncés d'avance ?

J'observe d'ailleurs une singulière contradiction : certaines gens sont à la fois, en fait de crainte, crédules et difficiles. Tantôt ils voient partout d'effrayants symptômes ; tantôt ils semblent décidés à attendre l'excès du mal pour en prévoir la possibilité. On dirait qu'ils ont fait un choix dans leurs souvenirs ; sans cesse accessibles aux uns, ils en repoussent d'autres comme importuns et inapplicables. La moindre idée, la plus légère agitation leur rappellent des périls révolutionnaires ; d'autres périls, révolutionnaires aussi, les trouvent sourds et hardis. L'effroi les saisira si quelques erreurs de l'assemblée constituante reparaissent ; ils se récrieront si, en voyant la peine de mort rentrer dans la politique, on manifeste quelque inquiétude.

Je demande plus d'impartialité dans la mémoire, plus d'étendue dans la prévoyance, plus de justice dans la peur. Nous ne sommes point réduits si bas que le mal ait besoin d'être horrible pour être senti. Je sais que l'iniquité sans pudeur et sans frein n'a point pris possession des lois ni des tribunaux ; que, si elle élevait trop haut ses prétentions, elle rencontrerait de puissants obstacles ; que le danger n'est pas à toutes les portes, que la peine de mort ne plane point sur tous les adversaires du pouvoir. À mon avis, cependant, elle est trop souvent demandée, trop souvent infligée. Il n'y a, dans l'usage qu'on en fait, ni sagesse, ni équité, ni nécessité : elle manque son but, aggrave notre position, engage le pouvoir dans des routes pleines de péril pour la société, pour lui-même ; elle cause sans profit des malheurs qui, pour n'être pas plus répandus, n'en sont ni plus réparables ni plus légers ; elle se rattache, selon moi, à une politique fausse, funeste, condamnée à le devenir chaque jour davantage à s'enfoncer chaque jour dans l'emploi des plus tristes comme des plus inutiles moyens. Que d'autres jugent qu'il n'y a point encore là assez de motifs, et attendent, pour s'opposer, plus de maux ou plus de rigueurs ; quant à moi, ce que j'en ai compté me suffit.

Une dernière considération me détermine, la voici.

Un parti a triomphé : il le répète tous les jours et se promet de triompher bien mieux encore. En attendant ses nouveaux succès, il fait ce qu'il peut. Il tentera, je crois, plus qu'il n'a fait ; cependant il ne peut pas tout ce qu'il veut ; cela est clair, même pour lui. La situation est nouvelle. Dans le cours de la révolution, les partis qui se sont succédé ont toujours fait plus qu'ils ne voulaient, plus qu'à leur début ils ne se croyaient en état, je ne dis pas d'entreprendre, mais de concevoir. Leur succès a passé de beaucoup non seulement leurs espérances, mais leurs prétentions. Instruments aveugles d'une force immense, emportés par des événements plus rapides que leurs pensées, ils ont accompli des décrets bien plus étendus, bien plus terribles que leurs desseins.

Maintenant, au contraire, nous voyons au pouvoir un parti dont les désirs sont bien plus grands que ses desseins, les desseins bien plus grands que ses forces. Il veut avancer, et en effet il avance ; mais si chaque jour lui fait faire un pas, à chaque pas il perd un peu plus l'espoir d'arriver à son but. Au lieu d'être, comme les partis révolutionnaires, entraîné par son impulsion fort au-delà de sa volonté, il se sent retenu, contre sa volonté, par une force contraire à son impulsion. Rien, presque rien du moins, ne lui oppose une résistance active et visible ; mais autour de lui tout est résistance, tout le gêne et l'arrête, et les instruments qu'il emploie, et l'air qui l'enveloppe, et le sol qu'il foule sous ses pas.

D'où provient cette situation ? Que nous révèle-t-elle sur le sort futur du parti qui s'y trouve engagé ? Je n'ai garde de m'en occuper ici. Je remarque seulement le fait général, et je le remarque, parce qu'il a des conséquences dont je veux me prévaloir.

C'est en de tels moments que la vérité est bonne à dire ; elle n'en sera pas mieux accueillie des gens à qui elle déplaît ; elle n'en exercera pas plus d'empire sur les grands événements. Nul parti ne dément son origine ; nul n'acquiert cette haute sagesse qui, en changeant sa nature, changerait toute sa destinée ; et les progrès même qu'ils peuvent faire en habileté ou en prudence, ne sont jamais assez étendus ni assez prompts pour les soustraire au sort définitif auquel la Providence les a voués. Cependant les partis ne sont pas plus que toutes les choses du monde, étrangers à l'action du temps ; leurs dispositions intérieures se modifient comme leur situation, et ces modifications les rendent plus ou moins accessibles à l'influence de la vérité. Lorsqu'un parti est emporté par le mouvement général du siècle, lorsqu'il se fait l'exécuteur d'une grande crise sociale, la vérité ni la sagesse n'ont auprès de lui nul accès ; il écrase ceux qui l'arrêtent, abandonne ceux qui le conseillent, se précipite aveuglément vers un but qu'il ignore ; et c'est alors qu'au milieu de leur plus violente activité, on voit à plein l'impuissance des hommes, purs instruments, en de si grandes choses, d'arrêts supérieurs à leur intelligence comme à leur volonté. Quand au contraire la tempête sociale s'est calmée, quand la Providence semble avoir rendu aux lois communes le gouvernement des affaires humaines, quand les partis qui se le disputent ont le temps de regarder autour d'eux, d'étudier leur route, de mesurer leurs forces, on les voit reprendre, dans leur conduite quelque raison avec quelque liberté. Au lieu de la fièvre qui les dévorait, une nouvelle maladie les gagne, c'est celle d'une dissolution laborieuse et lente qui ne détruira point le caractère dominant ni les intentions générales du parti, mais qui rendra aux individus dont il est formé plus d'indépendance, et à la sagesse plus d'empire. Dans le cours de la révolution, on a vu les monarchiens se détacher des constituants, les constituants des girondins, les girondins des jacobins, sans que la révolution en fut arrêtée ou même ralentie ; loin de là, elle n'en poursuivait que plus violemment sa terrible carrière, et à mesure que les partis devenaient plus sages, ils devenaient impuissants.

Qui croira, de nos jours, qu'aucun des partis qui nous divisent pût ainsi aller se livrant à toute la folie de ses désirs ou de ses passions, reniant, foulant aux pieds quiconque refuserait de s'y associer, et cependant gagner chaque jour de la force, marcher rapidement vers le succès ? Rien de semblable ne peut plus se voir. Si, dans quelque parti que ce soit, il est encore quelqu'un qui l'espère, c'est un aveugle, un rêveur, qui n'a rien oublié ni rien appris. Vainqueurs ou vaincus, opposants ou maîtres du pouvoir, tous les partis sont obligés maintenant à la sagesse, à la prudence ; l'énergie de la fièvre ne suffit plus à leur force ; ils ont besoin de rallier autour d'eux toutes les nuances d'intérêts ou d'opinions qui se peuvent attirer ou retenir sous leur bannière ; ils n'en sauraient mécontenter ou laisser échapper aucune sans se sentir aussitôt réellement affaiblis. Ils sont même contraints à quelque mesure envers leurs plus obstinés adversaires et ceci n'est point un conseil que je leur donne, c'est un fait que j'observe, et qui, chaque jour, apparaîtra plus clairement dans leur conduite, malgré qu'ils en aient. Je cherche ce fait dans le parti qui tient maintenant le pouvoir, et je l'y aperçois soudain. Il s'y fait reconnaître à deux caractères : il y a division dans le parti, et la division se fait en sens contraire de ce qui arrivait il y a vingt-cinq ans. Ce ne sont pas les plus ardents que le parti a portés aux affaires, et qui le dirigent ; ce sont les plus modérés, les plus prudents, ceux qui possédaient le plus de chances pour lui rallier les intérêts mitoyens, les opinions flottantes. On les pousse plus qu'ils ne voudraient, cela est clair ; on les renversera peut-être. Alors même, les plus violents de leurs alliés ne les remplaceront point : le parti se traînera d'impuissance en impuissance, comme la révolution s'est précipitée de fureur en fureur. Et après le mal qu'il nous a fait, le mal plus grand qu'il peut nous faire, dissous par ses succès aussi bien qu'énervé par ses anciens revers, il sera contraint de sentir qu'il poursuit une œuvre impossible, qu'aujourd'hui il n'est donné à personne de faire, dans la société, une révolution.

Les choses étant ainsi, il y a, je crois, un grand avantage à jeter au milieu des partis ce qui me paraît la vérité. Nul n'est plus persuadé que moi qu'elle ne deviendra point leur règle ; mais elle opère comme un dissolvant, qui, analogue à la tendance de leur état actuel, s'insinue dans leur sein. Elle n'y rencontre point ces convictions fières, ces confiances aveugles, ce sentiment d'une force ardente et insurmontable, qui, auprès des partis révolutionnaires, ne lui permettaient nul accès. Le parti aujourd'hui dominant est plein de doute et de crainte ; il n'a foi ni dans ses doctrines, ni dans son avenir. En se portant le protecteur de l'ordre, il cherche quelquefois à s'emparer des principes de la liberté. Qu'il les courtise parce qu'il sent que les siens sont usés, ou seulement pour s'en faire un masque, peu importe ; ce qui est sûr, c'est qu'il rencontre partout des obstacles, se voit contraint d'adopter des moyens de gouvernement dont il se méfie, de parler un langage qui scandalise une portion des siens, de ménager, de temporiser, d'hésiter ; toutes choses qui ouvrent à la vérité certaines voies, et lui donnent lieu de seconder, en se produisant, ces incertitudes, cette faiblesse intestine, cette dissolution morale dont le parti se sent travaillé. Un fait bien simple le démontre. En 1791, en 1792, l'opposition et ses discours ne faisaient qu'échauffer, irriter et pousser plus violemment dans sa carrière le parti qui accomplissait la révolution. Maintenant l'opposition ne déplaît pas moins au parti qui gouverne ; et cependant, par sa seule parole, elle l'étonne, le ralentit, l'oblige à feindre, à s'expliquer, porte le trouble dans ses démarches et l'hésitation dans ses projets. Elle l'éclaire même et fait pénétrer peu à peu dans son sein des idées, des velléités, des précautions dont il se serait cru incapable, dont il se dépite, et que pourtant il subit.

L'opposition n'est donc point vaine ; elle a dans le présent peu d'effets directs et visibles ; mais elle peut semer, et l'avenir recueillera certainement le fruit de ses efforts.

Ce sont là les motifs qui m'ont fait écrire : je les crois fondés et suffisants.

**Paris, le 26 juin 1822.**

1

# LIMITES DE LA QUESTION.

Ce n'est point une question philosophique que je veux traiter, je ne sollicite pas non plus un changement dans la législation. Nous ne sommes pas dans ces temps à la fois actifs et calmes où l'on peut discuter des principes et réformer des lois ; mais tous les temps ont besoin de prudence ; en tous temps et quels que soient ses périls, le gouvernement peut commettre des fautes inutiles et causer à la société des maux superflus. C'est sous ce point de vue que je veux considérer l'emploi de la peine de mort en matière politique. Je veux savoir si le gouvernement, qui en dispose jusqu'à un certain point puisqu'il poursuit et peut faire grâce, agit sagement quand il en use, si son intérêt le lui conseille, si la nécessité l'y contraint.

On en conviendra, ceci vaut encore la peine d'être examiné. Les conspirations se pressent. On vient d'en juger une à Tours, une à Marseille, une à Nantes ; on va en juger une à Colmar, une à la Rochelle, une à Saumur ; et s'il en faut croire les insinuations du pouvoir qui les a découvertes, il y en a bien d'autres qu'il poursuit. Sirejean et Vallé ont été exécutés. De nouvelles condamnations, de nouvelles exécutions se préparent peut-être. Si elles étaient inutiles, funestes même au pouvoir qui les obtient ! certes la méprise serait triste ; quand on donne la mort, au moins faut-il ne pas se tromper sur la nécessité.

Que ceux qui pensent qu'on ne se trompe point ne se hâtent pas de le dire. J'affirme qu'ils ont eux-mêmes des doutes, et qu'ils n'y échappent qu'en cessant d'y songer. Des temps ont été où, dans la lutte des factions entre elles et du pouvoir contre les factions, la peine de mort était non seulement l'arme habituelle, mais le besoin reconnu du vainqueur. Que cette peine fût écrite dans les lois, ce n'est pas ce qui révèle l'impression qu'en recevaient les hommes, car elle l'est aussi dans les nôtres ; mais elle était de plus fondée dans les mœurs. On contestait quelquefois la justice de son application, jamais son utilité. Le pouvoir s'en servait avec confiance, personne ne s'étonnait qu'il s'en servît. Les condamnations, les exécutions pouvaient désoler les amis des vaincus ; quand leur iniquité n'était pas évidente, le public les trouvait naturelles ; le pouvoir, en les ordonnant, croyait fermement user de son droit, obéir à la nécessité de sa situation. Il était dans la pensée de tous que le gouvernement et l'ordre établis ne pouvaient se maintenir que par la destruction matérielle de leurs ennemis.

Qu'on examine maintenant le gouvernement et le public quand une condamnation à mort a été prononcée en pareille matière, quand une exécution s'apprête ou vient d'avoir lieu ; qu'on écoute les paroles, qu'on sonde les sentiments, qu'on interroge les visages : tout est plein de doute et d'anxiété. Le pouvoir a poursuivi ; a-t-il eu raison de provoquer ce jugement ? Il a frappé ; a-t-il prouvé sa force ou accru son péril ? Lui-même ne sait qu'en penser ; il hésite, il balbutie, il s'excuse presque de ce qu'il a fait. Et ce n'est pas seulement qu'il craigne de paraître cruel, c'est que vraiment il n'est pas sûr d'avoir bien fait, d'avoir été, je ne dis pas juste, mais sage. Il cherchait de la sécurité, on dirait qu'il a trouvé de la peur. Aussi toutes ses démarches en de telles occasions seront-elles pleines d'irrésolution et d'inconséquence : pressée aujourd'hui, l'instruction d'un procès politique sera ralentie demain ; ici, on tentera de l'étendre ; là, on s'appliquera à la resserrer ; le moindre sursis, le recours en grâce du plus obscur condamné deviendra une affaire immense, qui exigera de longues délibérations, dont la responsabilité sera regardée comme un poids effrayant ; et ni le mauvais succès des complots, ni le plus ferme crédit dans les chambres, rien ne rassurera le pouvoir contre l'inquiétude qui l'obsède quand il faut accomplir un acte dont il proclame la nécessité.

Moins agitée, parce qu'il n'a rien à décider, l'impression du public est de même nature. Je ne parle pas des hommes qui, sans conspirer, sans agir, portent cependant au gouvernement une véritable malveillance, ni même de ceux à qui l'habitude de l'opposition constitutionnelle rend suspects les périls et les volontés du pouvoir. Je m'adresse à ce public immense qui n'a ni engagements ni passions politiques, qui veut l'ordre et la liberté légale, parce qu'il en a besoin pour son bien-être, pour ses affaires, pour ses intérêts propres et journaliers. Est-ce la justice qu'il est enclin à présumer dans une condamnation à mort pour cause politique ? Est-ce l'ordre et le repos qu'il s'en promet ? Cette rigueur lui paraît-elle simple et son instinct le porte-t-il à la croire nécessaire ? Non : il s'en effraie comme d'un désordre, il n'en admet point l'urgence ni peut-être l'équité. On lui persuadera difficilement que le pouvoir ait besoin de tuer un homme, et si le besoin est réel, il jugera peut-être que le pouvoir est mauvais. Et qu'on n'en accuse ni la malveillance pour l'autorité ni la mollesse des mœurs, la vraie cause de cette impression réside dans un doute secret, mais profond, sur l'utilité comme sur la justice de la peine. Hors des factions, il n'est presque personne aujourd'hui qui, après une exécution politique, croie la paix publique mieux garantie et le gouvernement lui-même plus sûr ; personne qui n'ait au contraire moins de confiance dans la force du pouvoir comme dans l'avenir de la société ; et ce n'est pas seulement à cause des complots, c'est aussi à cause des supplices. Ce sentiment ne m'étonne point, car je le crois fondé et j'en dirai les causes. Je ne fais encore que le constater. Le gouvernement frappe, le peuple voit frapper ; ni l'un ni l'autre, après le coup, n'est assuré d'y avoir rien gagné.

C'en est assez, je pense, pour prouver qu'il y a ici une question. Je ne suppose pas qu'on veuille tuer par habitude, parce qu'on le faisait jadis, ni qu'il s'agisse uniquement de complaire à des passions, d'assouvir des vengeances. L'emploi de l'échafaud ne peut pas être une routine ; et quant aux passions qui prétendraient ici quelque empire, je les récuse, non seulement parce qu'elles ne sont pas justes, mais parce qu'elles ne sont pas vraies. Il n'est pas vrai qu'elles soient si fortes, ni si persévérantes, ni si impérieuses qu'elles essaient çà et là de le paraître. Si, après avoir longtemps souffert, elles avaient beaucoup sacrifié ; si elles s'étaient refusées aux consolations de la vie et aux plaisirs du monde ; si elles s'étaient fait voir inflexibles, incurables, vivant dans la solitude, se nourrissant de leurs douleurs et de leur espoir, je comprendrais, j'excuserais peut-être leur exigence. Mais elles se sont aisément abdiquées, on les a bientôt vues sourire, et leur violence n'a résisté ni à la durée du péril, ni à l'espoir de la sécurité. Qu'elles ne demandent donc point des satisfactions dont elles ont si bien su se passer ; elles n'ont nul droit de se montrer ardentes et sévères ; on ne s'avise pas si tard de tant d'énergie, et puisqu'elles n'ont pas été plus profondes, qu'elles nous laissent du moins les profits de leur frivolité.

Je n'ai rien non plus à démêler avec les lois. Elles prononcent la peine de mort contre certains crimes politiques. Je répète que je ne les blâme point, que je ne provoque point leur abolition. Dût-on l'obtenir, peut-être hésiterais-je à la conseiller. Je suis convaincu que les réformes sollicitées par les idées ou les mœurs doivent passer dans la conduite du gouvernement, dans la pratique des affaires, avant de s'introduire dans la législation. Cela se peut en cette matière. Le gouvernement influe sur la poursuite des crimes politiques ; souvent il peut les étouffer avant qu'ils grandissent pour les tribunaux ; il peut aussi bien souvent les qualifier dans ses poursuites avec plus ou moins de gravité ; enfin il a droit de suspendre ou de commuer les peines que leur inflige la loi. Y a-t-il pour lui nécessité à provoquer l'application de la peine de mort ou à la laisser s'accomplir ? C'est là toute ma question. Le doute existe dans tous les esprits, dans l'esprit du gouvernement lui-même. Je crois que le doute a raison.

2

# DE L'EFFICACITÉ MATÉRIELLE DE LA PEINE DE MORT.

La nécessité des peines dépend de leur efficacité. Si une peine n'atteignait pas le but qu'on se propose en l'infligeant, à coup sûr elle ne serait pas nécessaire.

L'efficacité des peines est ou matérielle ou morale, ou matérielle et morale tout ensemble. Elle est matérielle par l'impuissance où elle réduit le coupable, morale par l'exemple que donne son châtiment.

L'efficacité matérielle de la peine de mort a été d'abord sa plus puissante recommandation. En tuant l'ennemi, elle supprimait le péril. Quoi de plus naturel que de satisfaire sa vengeance en se procurant la sécurité ?

Maintenant il ne s'agit plus de vengeance, tout le monde en convient. Nulle législation, nul pouvoir ne veut qu'on lui impute ce besoin barbare. Cependant toute société, tout pouvoir veut la sécurité. La peine de mort semble encore l'offrir.

Mais l'efficacité des peines n'est point la même dans tous les lieux ni dans tous les temps. Elle varie selon les divers états de la société, les divers degrés de la civilisation, selon les idées des peuples et les situations du pouvoir. La peine de mort, en dépit des apparences, n'a point, même sous le rapport matériel, le privilège d'une efficacité immuable. En supprimant l'ennemi connu, on ne supprime pas toujours le péril.

Quelle était jadis la composition de la société ? Une aristocratie peu nombreuse, riche et puissante ; une multitude pauvre, obscure et faible malgré sa force numérique.

Un complot était-il ourdi parmi les grands ? Il avait des chefs connus, importants, investis par eux-mêmes d'une force immense ; il était le fruit de l'ambition de quelques hommes, d'un seul peut-être, l'œuvre de quelques influences personnelles. Le crime découvert, en frappant deux ou trois coupables on échappait vraiment au danger. La famille des Percy avait mis Henri de Lancaster sur le trône d'Angleterre. Mécontente, elle conspira, fit même la guerre. Elle fut vaincue, proscrite, et Henri n'eut plus rien à redouter.

Où sont maintenant ces chefs éminents, avoués, qu'il suffit de détruire pour détruire un parti ? Sous quels noms propres viennent ainsi se concentrer l'influence et le péril ? Peu d'hommes ont un nom, et ceux-là mêmes sont peu de chose. La puissance a quitté les individus, les familles ; elle est sortie des foyers qu'elle habitait jadis ; elle s'est répandue dans la société tout entière ; elle y circule rapidement, à peine visible en chaque lieu, mais partout présente. Elle s'attache à des intérêts, à des idées, à des sentiments publics dont personne ne dispose, que personne même ne représente assez pleinement pour que leur sort dépende un moment du sien. Que si ces forces sont hostiles au pouvoir, qu'il cherche, qu'il regarde ; dans quelles mains les trouvera-t-il déposées ? Sur quelle tête ira-t-il les frapper ? Il y a des réformés, des ligueurs ; il n'y a plus de Coligny ni de Mayenne. La mort d'un ennemi n'est aujourd'hui que celle d'un homme ; elle ne trouble ni n'affaiblit le parti qu'il servait ; si le pouvoir en est rassuré, il se trompe ; son danger demeure le même, car cet homme ne le créait point. Les causes en sont éparses et profondes ; l'absence d'un chef prétendu n'atténuera point leur énergie, ne déréglera même pas leur action. Elles ne manqueront ni d'interprètes, ni d'instruments, ni de conseils. Les intérêts, les opinions existent maintenant pour leur compte, se dirigent par leur propre prudence, se font jour par leur propre vertu. Nul n'en a le monopole, nul ne peut les perdre ou les vendre par sa chute ou sa trahison.

La peine de mort, en ceci du moins, a donc perdu son efficacité ; elle n'a plus ce résultat sûr et prompt d'abattre la tête que tous regardaient, d'éteindre la voix qui parlait à tous. Elle peut errer dans ces classes supérieures où sont, dit-on, les chefs des partis ; sur quelque individu qu'elle s'arrête, elle ne supprimera point, en l'atteignant, le danger qui menace le pouvoir.

Les gouvernements en auraient-ils l'instinct ? Ce nouvel état de la société influerait-il sur leur conduite, même à leur insu ? On serait tenté de le présumer. Depuis sept ans, bien des complots en France ont été poursuivis et punis. Aucun homme considérable, aucun nom connu n'y a pris place. Serait-ce que le pouvoir n'en redoute aucun, ou ne croit pas qu'il gagnât grand-chose à s'en délivrer ? Cependant il répète sans cesse que les factieux ont des chefs, des chefs riches, importants, qui les dirigent et les soudoient. Comment se fait-il que ces chefs échappent à toutes les recherches, ou que, réservés pour les parades de la tribune, ils soient laissés de côté dans les accusations positives portées devant les tribunaux ?

En voici la vraie cause, et il importe de l'indiquer, car elle prouve mon assertion. La révolution a frappé surtout les classes supérieures. Je me sers de ce mot, parce que ce sont les classes mêmes, et non des individus que la révolution a voulu frapper. Destinée à changer la société, ce n'est pas sur des hommes, c'est sur des intérêts et des situations que se dirigeaient ses coups. De cet horrible spectacle il est resté une impression si profonde, que la mort juridique hésite grandement aujourd'hui à se porter de nouveau vers les régions élevées de l'ordre social, comme tremblant de le renouveler. On a bien exprimé des désirs, laissé entrevoir des intentions, entamé même des essais ; mais dès qu'il a fallu s'engager sans retour, on n'a pas osé, on n'a pas voulu, on n'a pas pu. La division s'est mise dans le sein du pouvoir ; ses agents ont été timides, ses partisans lui ont refusé leur appui. Un instinct, très sage selon moi, leur a fait sentir qu'ils allaient entrer sans raison, sans profit, dans une route affreuse. Traiter les classes qu'a élevées la révolution comme la révolution a traité les classes qu'elle a vaincues, faire contre elle ce qu'elle a fait contre ses ennemis, cela ne se peut ; l'idée seule serait insensée. Dès lors, à quoi bon s'acharner contre des individus dont la mort fera plus de bruit qu'elle n'aura d'effet ? Pourquoi rengager, au sein même de la classe supérieure, cette lutte sanglante qui soulèvera tant de haines contre le pouvoir sans affaiblir réellement ses ennemis ? Faut-il de nouveau montrer au peuple que la considération, la fortune, une situation élevée ne servent de rien contre la violence des passions politiques ? Il commençait à l'oublier ; il s'accoutumait à croire qu'il y a des conditions sociales qui, par leur nature, sont étrangères au désordre et à ses conséquences, où la peine de mort ne pénètre presque jamais. Ébranlera-t-on cette croyance salutaire ? Prouvera-t-on à la multitude qu'il y a des complots dans les rangs les plus intéressés au maintien de l'ordre, et qu'elle peut voir un homme connu, estimé, influent, traîné sur l'échafaud comme un vil malfaiteur ? N'y a-t-il pas dans ce spectacle plus de péril que n'en peut faire courir au pouvoir la vie de son plus notable adversaire ? Et n'est-ce pas surtout par là que la révolution a bouleversé non seulement la société, mais les idées et les habitudes de tous ? D'ailleurs quand une telle guerre s'établit entre des hommes de même position, de même éducation, de même rang, elle a pour eux bien plus de gravité ; les combattants se connaissent, se sont parlé, se sont vus ; le vaincu d'aujourd'hui sait quel est son vainqueur, qui l'a poursuivi, qui a voulu sa perte ; ses amis s'en souviendront demain : ainsi les inimitiés deviennent personnelles et les périls directs. La haine et le combat s'engagent, pour ainsi dire, corps à corps, entre des voisins, entre des égaux. Est-il prudent, est-il inévitable de leur laisser prendre ce caractère ? Ira-t-on se compromettre ainsi en personne quand, au fait, un succès même ne dissiperait point les dangers du pouvoir, puisqu'ils ont de bien autres causes, de bien autres forces que l'hostilité et la vie de quelques hommes plus apparents ?

Ainsi en même temps que les chefs de parti ont moins d'importance, on hésite davantage à les frapper. La crainte d'une telle responsabilité n'est point surmontée par le sentiment d'une nécessité impérieuse. Ce bon sens spontané qui dirige, presque à leur insu, la conduite des hommes, avertit les amis et jusqu'aux dépositaires du pouvoir qu'il y aurait, à poursuivre avec acharnement la mort de leurs principaux adversaires, moins de profit pour leur cause que de péril pour eux-mêmes ; et tandis qu'il y a trois siècles la destruction d'un ennemi connu était le but de tous les efforts, maintenant il semble qu'on la redoute, qu'on l'évite ; et malgré de menaçantes annonces, malgré l'aveugle fureur de quelques agents, malgré ses propres passions, quand le pouvoir est près de toucher aux hommes qu'il fait profession de craindre, il s'établit autour de lui une sorte de concert pour l'empêcher de porter des coups qui le compromettraient sans le servir.

On dit que les caractères sont lâches, que chacun pourvoit à sa propre sûreté, que nul ne veut s'engager bien avant pour le gouvernement. Tout cela serait vrai que, si la nécessité était là, si la destruction de quelques hommes contenait la force ou le salut du pouvoir, il ne manquerait pas d'amis ou d'agents qui mettraient leur audace aux gages de leur ambition ou de leur servilité. Mais les vices mêmes de la nature humaine changent de conduite selon les temps ; l'égoïsme, l'avidité, la peur ne poussent pas toujours aux mêmes actes, ne suivent pas toujours les mêmes voies. Personne n'est étranger au nouvel état de la société ; personne n'ignore que les vrais chefs de parti, les hommes dangereux par eux-mêmes ont disparu ; personne ne croit que la suppression de tel ou tel adversaire dissipât, atténuât même sensiblement les périls du pouvoir. L'inefficacité matérielle de la peine de mort dans les rangs élevés de l'ordre social, est au fond de tous les esprits. En vain le gouvernement lui-même voudrait n'y pas croire, il est hors d'état d'agir comme s'il n'y croyait point, et ni ses craintes ni ses passions n'ont cet empire de faire revivre une nécessité qui n'est plus.

La peine de mort est-elle plus efficace, et par là plus nécessaire contre les périls qui naissent plus bas dans la société ? Si la grande aristocratie s'est éteinte, si les complots ne résident plus dans quelques hommes éminents où on puisse les frapper, la masse de la population libre et agissante s'est accrue ; elle exerce une influence qu'elle ne possédait point. Peut-être la peine de mort, inutile contre des grandeurs maintenant si abaissées, n'en est-elle que plus nécessaire contre les manœuvres qui s'ourdissent au sein de la multitude.

Qu'on n'oublie point, je le demande, que la nécessité des peines dépend tout à fait de leur efficacité, et que c'est encore uniquement de l'efficacité matérielle de la peine de mort qu'il s'agit.

Et d'abord je proteste contre le mot même de *multitude*, c'est-à-dire contre l'extension que lui donnent aujourd'hui certaines gens. Avoir l'insolence avec laquelle ils traitent une grande population, on dirait en vérité que le treizième siècle dure encore, que l'aristocratie féodale est debout dans toute sa puissance, et qu'elle regarde fièrement, du haut de ses tours, des bandes de serfs épars dans ses domaines, ou de craintifs bourgeois venant humblement solliciter la permission de relever les murs de leur pauvre ville pour se défendre des voleurs. Ces gens-là se trompent ; la société n'est plus ainsi faite ; il n'y a plus d'abîme entre la classe supérieure et la masse des habitants. On descend des sommités de l'ordre social jusqu'en bas par une foule d'échelons très rapprochés, et que couvrent des hommes très peu divers de ceux qui sont immédiatement placés au-dessus ou au-dessous d'eux : cela est vrai en fait de propriété, d'industrie, d'éducation, de lumières, d'influence ; et quelque trouble que jettent momentanément dans ce nouvel état les débris de l'ancienne société, il a conquis la France sans retour. Il faut s'y placer pour bien comprendre les effets de la législation et des actes du pouvoir, car ce n'est pas pour le siècle de Philippe-Auguste, mais pour le nôtre, que nous avons un gouvernement et des lois.

Or, voici comment les choses se passaient autrefois, en matière de crimes politiques, hors de la région supérieure de la société, et comment procédait le pouvoir.

De la part du peuple, les complots étaient rares ; l'aristocratie en avait le privilège. Cela se conçoit, elle seule pouvait y réussir ou y gagner.

Comment serait venue à des bourgeois ou à des paysans l'idée de changer le gouvernement et de se saisir de l'autorité ? Quand des complots s'étaient tramés au-dessus d'eux, ils marchaient à la suite, contraints ou séduits. L'initiative, ni la direction, ni les bonnes chances de telles entreprises ne leur appartenaient point.

Cependant ils troublaient quelquefois l'ordre établi. C'était par des séditions, des révoltes générales ou locales, selon que les causes qui les suscitaient, l'oppression, la famine, quelquefois de nouvelles croyances religieuses, agissaient partout ou sur tous les points. Alors les soulèvements étaient effroyables : une multitude effrénée quittait ses chétifs foyers, errait par bandes, tuant, pillant, dévastant, brutale dans ses passions, aveugle et implacable dans ses vengeances, féroce et licencieuse dans son déchaînement. Telles furent en Allemagne la guerre des paysans de Souabe, en Angleterre l'insurrection de Wat-Tyler, en France la Jacquerie, et partout, de siècle en siècle, une foule de soulèvements semblables, moins généraux mais non moins hideux.

Quand on pouvait réprimer de pareils désordres avant qu'ils ne se fussent convertis en guerres, on y réussissait sans beaucoup d'art. On condamnait, on exécutait presque tous ceux qui les avaient excités on secondés. Ce n'était pas une affaire alors que de chasser toute une population de son sol, d'incendier vingt villages, de couvrir les routes de cadavres suspendus à des gibets, ou de membres épars. Quand la guerre avait éclaté, elle devenait une chasse féroce qui ne se terminait que par la destruction des insurgés ; ou si l'on croyait prudent de traiter avec eux et de les disperser par des promesses, les promesses s'évanouissaient avec les bandes qui les avaient reçues ; et le péril passé, le Parlement britannique lui-même venait supplier Richard II de ne tenir aucun compte de ces prétendues concessions, et donner à tous ses shérifs et à ses juges les pouvoirs les plus étendus pour sévir contre les rebelles, à leur retour dans chaque comté.

Et ce n'est pas seulement durant la servitude féodale, au milieu des ténèbres et des barbaries du Moyen Âge, que les mouvements populaires étaient ainsi réprimés. Quand l'ordre commença à naître, quand la police, la justice, la force militaire, tous les droits de la souveraineté se furent concentrés dans les mains du gouvernement, on continua d'user des mêmes moyens, bien qu'avec plus de régularité. Le nombre des exécutions, qui s'était élevé à plus de 70,000 sous Henri VIII, fut encore de plus de 19,000 sous Elisabeth, et les soulèvements, les émeutes n'y furent pas pour la moindre part. Qu'on ouvre les lettres de M$^{me}$ de Sévigné, on verra comment Louis XIV punissait les petites séditions de la Bretagne : « On a, dit-elle, chassé et banni toute une grande rue, et défendu de les recueillir sous peine de la vie : de sorte qu'on voyait tous ces misérables, femmes accouchées, vieillards, enfants, errer en pleurs au sortir de cette ville, sans savoir où aller, sans avoir de nourriture ni de quoi se coucher….. On a pris soixante bourgeois, on commence demain à pendre…… Nous ne sommes plus si roués, un en huit jours seulement pour entretenir justice ; il est vrai que la *penderie* me paraît maintenant un rafraîchissement. » La société ne voyait pas couler tout ce sang, le roi ne savait pas toutes ces exécutions ; mais que la peine de mort fût efficace dans un temps où de telles choses pouvaient se passer à l'insu de la société, à l'insu même du roi, dans un temps où le bannissement par masses, la potence, la roue, étaient pour ainsi dire des moyens de police aussi bien que des châtiments, certes on aurait mauvaise grâce de s'en étonner.

Qu'au treizième siècle, ces moyens eussent été nécessaires, qu'ils le fussent même plus tard, je ne veux pas l'examiner. Ce que je sais, c'est qu'ils étaient possibles, et, de plus, efficaces, d'une efficacité matérielle, car ils abolissaient vraiment en grande partie le péril contre lequel ils étaient dirigés. Ils réduisaient positivement le nombre et la force des ennemis ; ils tombaient sur les masses populaires comme la grêle sur un champ de blé, retranchaient tous les petits chefs, décimaient les soldats, opéraient enfin non seulement par la crainte, mais par l'affaiblissement réel et direct.

Cela se peut-il de nos jours ? La peine de mort ainsi employée aurait-elle la même efficacité ?

À ceux qui le croiraient en comprenant bien leur propre pensée, je n'ai rien à dire, si ce n'est que je ne les crains pas. Le système qu'ils invoquent n'aura pas même la honte d'être inutilement essayé.

Mais que de gens croient encore à l'efficacité, même matérielle, de la peine de mort contre les complots populaires, sans se rendre compte de ses effets ni de la portée de leur opinion ! Le souvenir des temps passés gouverne leurs idées. Quelques esprits démêlent sur-le-champ ou même devancent les changements survenus dans l'ordre social ; le plus grand nombre ne les aperçoit et n'y accommode ses opinions ou sa conduite que bien longtemps après qu'ils sont consommés. Le monde est plein d'habitudes que rien ne fonde plus, et de croyances sans motifs. J'en trouve ici un exemple.

Je voudrais savoir quel gouvernement oserait aujourd'hui user contre le peuple de la peine de mort, de façon à la rendre matériellement efficace ; quelles lois, quels ministres prescriraient ou permettraient d'élever des potences le long des chemins, de faire fusiller les hommes par centaines, de déposséder ou de chasser les habitants d'un canton ? On parle de la douceur de nos mœurs, de l'humanité de nos lois. Il y a bien d'autres obstacles, ou plutôt ces sentiments qui protègent parmi nous la vie de l'homme, sont eux-mêmes protégés par des faits puissants qui les ont enfantés. Si la vie humaine est plus respectée, c'est qu'elle a plus de force pour se faire respecter. Qu'était-ce qu'un homme du peuple, un paysan, un petit bourgeois même, dans les temps où on les traitait comme je viens de le rappeler ? Un être misérable, profondément inconnu, plus faible, plus isolé que le maigre arbuste qui languit dans une forêt de grands chênes. Sa vue s'étendait plus loin que son existence ; sa mort n'avait pas plus d'importance que sa vie ; les maux qui le frappaient étaient ignorés comme lui. Son sort ne se liait à rien ; aucun des hommes qui tenaient quelque place dans la société ne se fût avisé de se croire compromis par les infortunes ou les rigueurs que cette multitude pouvait subir. Il y avait pour elle des lois distinctes, des supplices particuliers que la classe plus élevée n'avait point à redouter ; et la condamnation, l'exécution de cent paysans séditieux pouvaient avoir lieu dans le district qu'ils habitaient, sans qu'à trente lieues de là on en sût quelque détail, sans que la nation réellement influente et active en conçût pour elle-même quelque crainte.

Qu'on me montre maintenant dans la société un seul homme dans cette condition, un seul dont la vie tienne si peu de place, dont l'exécution fît si peu de bruit. Il pouvait être tentant de détruire ses ennemis quand ils étaient ainsi parqués, muets et obscurs ; au moindre soulèvement, au moindre danger, la peine de mort pouvait aisément descendre sur cette race ignorée, et s'y promener à loisir. Maintenant il y a moins de grands seigneurs, mais il y a beaucoup plus d'hommes, et ils se tiennent tous. Nul n'est si haut que les voix d'en bas ne viennent frapper son oreille ; nul n'est si fort que les périls des faibles ne puissent aussi le menacer ; nul n'est si obscur que le malheur ne sache donner quelque importance à son sort ; nul n'est si isolé, soit par sa grandeur, soit par sa petitesse, qu'il n'ait rien à espérer ou à craindre de ce qui se passe autour de lui. La condition des hommes dans la société a maintenant quelque analogie avec les lois de leur destinée sur la terre : il n'y a point d'inégalités invincibles, point de privilèges pour la Providence ; elle pénètre partout ; les épreuves ou les faveurs qu'elle tient en sa main sont pour tous ; nul n'est à l'abri des revers, de la maladie, des douleurs de l'âme, et chacun peut voir dans le sort de son voisin l'image ou le pressentiment de son propre sort. Cette communauté de condition, cette parité de chances, cette égalité sous la main de Dieu, n'est pas le moins puissant des liens qui unissent les hommes ; elle les attire l'un vers l'autre, les confond dans les mêmes sentiments, les empêche de s'isoler par la lutte de leurs intérêts ou la diversité de leurs situations, les ramène enfin constamment sous des lois semblables, et leur fait sentir qu'ils ne sont, les uns envers les autres, ni si divers ni si étrangers. Ainsi l'Être souverain a fait la destinée terrestre de l'homme ; ainsi l'état actuel de la société commence à faire sa destinée politique. Les mêmes lois se donnent, les mêmes chances s'offrent à tous ; les grandes diversités s'affaiblissent ; les idées, les sentiments, les intérêts communs se répandent et se fortifient. Tout tend à apprendre aux citoyens qu'ils sont accessibles aux mêmes maux, exposés aux mêmes périls, qu'ils ne peuvent rester indifférents à leur sort mutuel ; et en même temps tout leur fournit les moyens de se communiquer, de se soutenir réciproquement. Ainsi, d'une part, beaucoup plus d'existences individuelles ont de l'importance et de la force ; d'autre part, toutes les existences sont étroitement enlacées, retentissent l'une dans l'autre, s'avertissent rapidement de ce qui les blesse ou les menace, et se protègent au besoin.

Veut-on se former une idée des prodigieux changements que, sous le point de vue dont je m'occupe, ce nouvel état de choses a introduit dans les relations de la société et du gouvernement ? Qu'on se représente ce que deviendrait le pouvoir s'il avait à réprimer, dans le peuple, quelqu'une de ces insurrections qu'il traitait si aisément autrefois par la potence et la roue. Dès que nous voyons quelques groupes en mouvement, dès que çà et là quelques cris se font entendre, dès que quelques cannes de ville se lèvent en l'air, nous croyons l'État en péril, nous rassemblons des régiments, nous déployons la force publique dans son plus sérieux appareil. Je ne dis pas que ce soit à tort ; mais que serait-ce donc si une province était soulevée, si des bandes armées parcouraient le pays, quelquefois victorieuses, souvent longues et difficiles à vaincre ? C'est cependant ce qui arrivait sous Louis XIV, en Bretagne, en Languedoc, dans vingt autres lieux, ici à cause d'un impôt, là pour une croyance, ailleurs contre un édit. On envoyait des troupes, on multipliait les supplices, on pourchassait la population. Mais l'inquiétude ne dérangeait point les fêtes de Versailles, le trouble ne régnait point dans Paris ; l'État ne se sentait point compromis ni le pouvoir réellement atteint. Pourquoi ces résistances violentes, ces désordres partiels inspireraient-ils aujourd'hui de bien autres alarmes ? Auraient-ils en effet bien plus de gravité ? C'est qu'il ne s'agirait plus d'une effervescence de la multitude ; c'est qu'au lieu de séditions populaires, ce seraient là des mouvements publics. Telle est la composition de la société que la multitude, réduite en nombre et en force, ne peut plus s'agiter seule, dans la brutalité de ses besoins ou de ses passions. Entre elle et le pouvoir est placée une population immense, aisée, laborieuse, trop peu instruite encore, mais dont cependant les lumières et la sagesse s'étendent fort au-delà des nécessités matérielles ou des fantaisies du moment. Cette population n'est point portée au désordre, car elle ne vit point de salaires journaliers ; elle travaille sur ce qu'elle possède, champs ou capitaux. Il est donc très difficile de l'arracher à ses affaires ; mécontente même elle hésiterait longtemps avant de se mouvoir, car personne ne dispose d'elle, et le plus mauvais gouvernement aurait quelque peine à pousser son mécontentement jusqu'au malheur. Mais si une insurrection véritable éclatait, ce ne pourrait être que de son aveu, par son concours ; et alors ce qui, au dix-septième siècle, eût à peine occupé un quart d'heure l'attention de Louis XIV, mettrait aujourd'hui, et avec raison, le gouvernement tout entier en émoi. Il sentirait soudain qu'il ne s'agit ni d'émeutes ni de populace, et qu'un ennemi plus redoutable, un péril plus grand sont devant lui. Si la force ne l'en délivrait pas tout d'un coup, il désespérerait bientôt de la force ; et on le verrait recourir aux promesses, aux concessions, aux changements de système, à toute cette politique commandée qui proclame que le pouvoir se trompait, et qu'il est bien près d'en avoir lui-même le sentiment. Et ainsi, tandis qu'autrefois un gouvernement pouvait, sans courir un risque sérieux, n'opposer aux séditions que des troupes ou des supplices, être même plusieurs années en guerre avec telle ou telle portion de son pays ; maintenant la société nouvelle, dans sa tranquille mais forte structure, animée d'un seul et rapide esprit, ferait à peine quelques pas dans les voies de la résistance réelle, que son gouvernement ébranlé songerait plutôt à se réformer qu'à punir.

Est-ce donc, je le demande, est-ce au milieu d'une société ainsi faite, que l'efficacité matérielle de la peine de mort contre les crimes politiques des masses peut encore subsister ? Ce n'est plus une multitude pauvre, faible, séparée des classes influentes que, sur tel ou tel point, il s'agit de réduire à l'impuissance. Qui traiterait, comme on la traitait jadis, des étudiants, des marchands, des chefs d'ateliers, des paysans propriétaires ? C'est là cependant que serait le mal, s'il éclatait ; c'est là qu'il faudrait porter le remède ; et pour qu'il eût cette utilité directe qu'obtiendrait le gouvernement de Louis XIV en pendant ou chassant de Rennes tous les habitants d'une rue turbulente, pour qu'il supprimât vraiment le péril dans la personne de ses auteurs, quelle intensité, quelle étendue ne devraient pas avoir les coups ? Et sait-on quel en serait le retentissement ? Dira-t-on quel dégoût, quelle aversion du pouvoir saisiraient cette société électrique où tout se sait, se propage, où des millions d'hommes de condition pareille, de sentiments analogues, sans s'être jamais vus ni parlé, connaissent réciproquement leur sort, et malgré le calme qui les environne, se jugent menacés par l'orage qui gronde à cent lieues de leur canton ? En de telles occurrences, deux conditions sont attachées à l'efficacité matérielle de la peine de mort : l'une, qu'elle pèse lourdement sur le lieu où le péril s'est fait voir ; l'autre, qu'elle ne porte pas la désolation et le trouble dans le pays tout entier. Ces deux conditions se réunissaient autrefois : aujourd'hui, ni l'une ni l'autre n'est possible, et l'autorité qui remplirait la première se sentirait bientôt plus compromise par l'agitation et l'horreur qu'elle aurait partout répandues, que rassurée par la solitude qu'elle aurait faite en un coin de ses états.

On ne lutte point avec les faits sociaux ; ils ont des racines où la main de l'homme ne saurait atteindre, et quand ils ont pris possession du sol, il faut savoir y vivre sous leur empire. Il n'y a plus maintenant ni grands seigneurs à détruire, ni populace à décimer. Matériellement inutile contre les individus, puisqu'il n'y en a point dont l'existence soit menaçante, la peine de mort l'est également contre les masses, car elles sont trop fortes et se gardent trop bien pour qu'elle s'y puisse exercer avec efficacité. Sous ce premier point de vue, et comme suppression directe du péril, la peine de mort est donc vaine ; elle n'est plus qu'une habitude, un préjugé, une routine empruntée à des temps où en effet elle atteignait son but, où elle délivrait réellement le pouvoir de ses ennemis. Et le pouvoir qui retient encore cette arme vieillie a lui-même le sentiment de son inutilité : car, s'il s'agit d'hommes un peu considérables, il hésite fort sagement à l'employer ; si c'est telle ou telle partie de la population qu'il redoute, l'impossibilité est si évidente, qu'il ne songe même pas à en faire l'usage terrible auquel elle se prêtait jadis.

L'efficacité morale est donc la seule qu'en matière politique la peine de mort puisse conserver. C'est ici le poste où l'on se confie, voyons s'il est en effet bien sûr.

# 3

# DE L'EFFICACITÉ MORALE DE LA PEINE DE MORT.

Considérée en général et dans son efficacité morale, la peine de mort, comme toutes les peines, produit un double effet, elle inspire l'aversion du crime et la crainte du châtiment.

Crime et châtiment, ce sont deux idées qui se lient et s'appellent mutuellement dans l'esprit de l'homme. Où il voit le crime, il attend la peine ; où il voit la peine, il présume le crime. Fondée sur ce fait naturel, la législation se propose, en punissant, non seulement d'effrayer, mais d'entretenir et de fortifier dans les âmes la conviction de la perversité des actes qu'elle punit : c'est par là qu'elle en détourne les peuples et que les peines sont exemplaires.

Je pense même qu'elles le sont davantage par l'impression morale qu'elles éveillent, que par la terreur qu'elles causent. Les lois puisent plus de force dans la conscience des hommes que dans leurs peurs. La réprobation et la honte publiquement attachées à certains actes agissent plus puissamment pour les prévenir, que la crainte des châtiments qui pourraient les suivre. Quiconque sait la nature humaine en sera convaincu comme moi. À qui en douterait, une supposition le prouvera. Retirez des actions incriminées par nos Codes l'aversion morale qu'elles inspirent ; qu'on les croie innocentes, et vous verrez si toutes les habiletés de la police et toutes les rigueurs du pouvoir suffiront à les prévenir.

Sans doute la crainte a sa part dans l'efficacité morale des peines ;

mais il ne faut ni s'exagérer la vertu de ce ressort, ni oublier le ressort plus énergique qui concourt au même effet.

On a dit que l'antipathie morale, excitée par les crimes, ne croissait pas en raison de la gravité des châtiments. Il est vrai que si la peine paraît excessive, si elle révolte plus de sentiments moraux qu'elle ne s'en concilie, si elle change en pitié pour le coupable l'horreur du crime qu'elle voulait inspirer, elle perd son effet et va contre son dessein ; cependant il n'est pas vrai que la crainte seule soit accrue par des peines plus graves, et qu'elles n'ébranlent pas plus fortement les consciences : tout ceci varie selon les temps, les idées, les mœurs ; telle peine qui jadis parlait surtout contre le crime, pourrait fort bien aujourd'hui ne parler qu'en faveur du criminel. Cependant, et au sein même des mœurs les plus douces, la pitié ne possède jamais si exclusivement le cœur de l'homme, qu'en voyant un grand châtiment mérité par un grand crime, il oublie soudain le crime pour ne songer qu'aux souffrances du châtiment. La pitié a aussi sa justice, et quand cette justice n'est point offensée, la gravité de la peine exerce son pouvoir sur la conscience comme sur la peur.

Je ne conteste point à la peine de mort cette double vertu. Je ne crois pas qu'elle n'agisse maintenant que par la crainte, et soit d'ailleurs si contraire à nos mœurs qu'elle manque partout son but, comme ferait, à coup sûr, le supplice de la roue. Je pense même que, devenue rare, son effet sur les imaginations a pu s'accroître de l'importance qu'a prise la vie de l'homme dans le sentiment public. Mais ainsi que la peine de la mort simple conserve son efficacité morale, tandis que les supplices lents et cruels ont perdu la leur, de même se sont introduites ou développées, entre les crimes, des différences telles, que la même peine ne possède point contre les uns et les autres la même efficacité.

Pourquoi la peine de mort appliquée aux crimes privés, comme le meurtre, le vol à main armée, l'incendie, etc., ne manque-t-elle pas de produire ce premier effet, but de toutes les peines, et qui consiste à redoubler l'aversion qu'ils inspirent ? C'est qu'elle trouve cette aversion dans tous les cœurs, ou qu'il n'y a du moins nul débat sur la criminalité naturelle des actes qu'elle punit. Deux faits sont certains, l'un que l'action incriminée par la loi a réellement eu lieu, l'autre qu'elle est bien réellement criminelle. Le public, le pouvoir, le prévenu même en sont d'accord. Il ne s'agit que de découvrir l'auteur d'un acte dont personne ne conteste la réalité ni la perversité. Ainsi la première condition de l'efficacité morale de la peine est en quelque sorte remplie d'avance ; c'est un fait avéré qui réclame un châtiment, le châtiment s'adresse à des hommes qui pensent comme la loi.

Dans les crimes politiques, au contraire, ces deux circonstances sont incertaines ; il n'est pas sûr que l'acte des prévenus soit vraiment celui que la loi incrimine, ni que l'acte incriminé par la loi soit naturellement et invariablement criminel. La première incertitude est évidente ; personne n'ignore aujourd'hui qu'en matière de délits privés, c'est le coupable seul qu'on cherche, car le délit est constant ; tandis qu'en matière politique, comme les complots, les délits de la presse, etc., il faut presque toujours trouver à la fois, dans une série d'actions plus ou moins significatives, et le délit et le coupable. Quant à la seconde incertitude, qu'on ne dise point qu'en affirmant qu'elle peut exister aussi, je veux énerver les lois et laisser l'ordre public sans défense. J'affirme seulement que l'immoralité des crimes politiques n'est ni aussi claire ni aussi immuable que celle des crimes privés ; elle est sans cesse travestie ou obscurcie par les vicissitudes des choses humaines ; elle varie selon les temps, les événements, les droits et les mérites du pouvoir ; elle chancèle à chaque instant sous les coups de la force, qui prétend la façonner selon ses caprices ou ses besoins. À peine trouverait-on dans la sphère de la politique quelque acte innocent ou méritoire qui n'ait reçu, en quelque coin du monde ou du temps, une incrimination légale. Qui dira que toutes ces lois ont eu raison ? Qui soutiendra qu'elles ont toujours porté dans l'esprit des peuples la conviction de leur justice, et inspiré, avec la crainte de la peine, l'horreur de l'action qu'elles punissaient ? Qui se fera aujourd'hui le défenseur absolu de l'obéissance passive, et subordonnera sans retour à la loi écrite les droits de la société, quelle que soit la conduite du pouvoir ? On le tenterait vainement. En des choses aussi mobiles, aussi compliquées, la vraie moralité des actions ne se laisse pas ainsi déterminer absolument ni emprisonner à jamais dans le texte des lois ; et la Providence, qui livre si souvent à la force la destinée des hommes, ne lui permet pas de faire et de défaire ainsi à son gré le crime et la vertu. « Ne connaissiez-vous pas, disait à M. Engrand d'Alleray le président du tribunal révolutionnaire, la loi qui défend d'envoyer de l'argent aux émigrés ? — Oui, répondit le vieillard, mais j'en connaissais une plus ancienne, qui m'ordonnait de soutenir mes enfants. » Ce qui était vrai en 1795 le sera toujours, en dépit de tous les Codes et en face de tous les pouvoirs. Sans doute il y a des crimes politiques réels, odieux ; mais ceux que font les lois ne le sont pas toujours, quelles que soient les lois ou les temps. La force exerce un empire immense sur le faible esprit des hommes ; cependant il ne lui a pas été donné de le dépraver à ce point, que les crimes de sa façon excitent cette antipathie instinctive qui s'attache aux crimes déclarés tels par la vraie loi. Tyrannie à part et jusque dans les temps passablement réguliers, il reste souvent, sur ce genre d'actions, une grande incertitude morale. Quand elles soulèvent, dans le public, une animosité violente, c'est peut-être que le public est passionné et enclin lui-même à l'injustice ; quand elles le trouvent toujours incrédule et secrètement porté à les excuser, c'est que le pouvoir déplaît au public. Qui a raison ou tort ? La force peut empêcher qu'on ne le sache, ou du moins qu'on ne le dise ; mais presque en aucun cas, la peine de mort infligée aux crimes politiques ne produit sûrement ni généralement cette impression vraiment morale qui l'accompagne quand elle atteint les crimes privés.

Une différence analogue existe entre ces deux classes de crimes quant à l'effet de crainte que recherche aussi la peine de mort. Le brigand, le meurtrier sont isolés dans la société ; ils n'ont du moins pour amis, protecteurs ou complices, que les meurtriers ou les brigands. Ils le savent, et quand la peine les atteint, ce n'est pas le pouvoir seul, c'est la société tout entière qui s'arme contre eux. Ils étaient en guerre avec elle, elle a vaincu. Cette victoire donne l'idée d'une force immense, dressée contre quelques individus qui n'y peuvent opposer que leur audace ou leur adresse. Ils n'auront jamais de meilleures chances ; jamais une portion du public n'embrassera leur cause ; jamais le jour du triomphe ou de la vengeance ne luira pour eux. Ils vivent au milieu de la société comme les bêtes féroces dans les pays où se pressent les hommes, ne trouvant partout que pièges ou ennemis, sans soutien, sans asile, seuls avec leur force personnelle que tout attaque, avec leur peur que tout accroît ; et chaque condamnation, chaque exécution de gens de leur sorte est pour eux une preuve solennelle de la faiblesse de leur situation, comme du sort qui les attend. Les ennemis d'un gouvernement, les hommes enclins à conspirer ou même qui conspirent sont bien autrement placés : ils ne cessent point d'appartenir à la société ; ils se rattachent à tel ou tel parti dont ils se promettent secours et sécurité. Ce parti ne veut pas ce qu'ils veulent, ne peut pas ce qu'ils croient. Qu'importe ? Ils s'en exagèrent la puissance et en méconnaissent les intentions. Ils vivent avec les hommes dont les désirs touchent de plus près à leurs desseins, dont les illusions répondent à leur confiance. Qui ne sait quel prodigieux aveuglement possède les factions politiques, avec quelle folle certitude chacun y compte sur la force et le succès ? Dans chaque passant qui chemine, sous chaque toit d'où s'élève la fumée, le voleur voit un ennemi ; l'homme engagé dans les complots rêve partout des alliés, se promet du moins d'obtenir presque partout une protection passagère. D'ailleurs s'il est menacé, il ne manquera point de défenseurs ; le délit sera douteux, le pouvoir injuste et violent ; mille bons sentiments, mille raisons très sages viendront prêter leur appui à des intentions qu'elles désapprouvent, à des conduites qu'elles blâment, mais qu'elles ne veulent pas, qu'elles ne doivent pas laisser réprimer par l'iniquité. Enfin si l'homme succombe, ce ne sera pas dans cet isolement, au milieu de cette animadversion universelle qui glace les plus audacieux courages. Peut-être le vengera-t-on un jour ; et en attendant, ses amis regarderont sa ruine comme un échec dont la force qui les environne, avec un peu plus de bonheur ou de prudence, saura bien les préserver.

Faites pénétrer la crainte au milieu de tels faits, comme vous la portez dans des crimes d'une autre nature ; intimidez une faction comme une bande de voleurs, cela ne se peut. Pour donner ici à la peine de mort l'efficacité morale qu'elle obtient par la peur, et qu'en matière de crimes privés lui procure une seule exécution, il faudrait presque aller jusqu'à lui rendre son efficacité matérielle ; et nous avons vu qu'il y avait là de bien plus rudes obstacles, de bien plus graves périls.

Il n'y a donc rien à conclure, en ce genre, des crimes privés aux crimes politiques ; des différences profondes les séparent et dénaturent, selon les cas, l'effet des mêmes moyens. Ce n'est donc point l'efficacité morale de la peine de mort en général qu'il s'agit d'examiner ; soit qu'elle s'adresse à la conscience ou à la peur, ce qu'elle peut contre le brigandage, elle ne l'obtiendrait point contre les complots. Il faut se renfermer exclusivement dans cette dernière classe de délits pour y bien apprécier son influence.

Là, comme ailleurs, elle se propose le double but que poursuivent en toute occasion toutes les peines, elle veut prévenir le mal en faisant détester le crime et craindre le châtiment.

Je viens de dire que les crimes politiques avaient ce caractère que leur perversité morale est plus douteuse, plus variable, moins universellement reconnue que celle des crimes privés : les peines, quelles qu'elles soient, ont donc à faire ici un travail qui leur est épargné ailleurs. Quand elles proclament que telle action est criminelle, elles ne trouvent pas, comme en matière de meurtre ou de vol, les hommes décidés à les croire. Il faut qu'elles changent les convictions, qu'elles luttent non seulement contre des passions, mais contre des idées ; et comme leur dessein est d'agir précisément sur les hommes qui seraient enclins à commettre ce qu'elles veulent prévenir, la difficulté devient immense. Dans l'état actuel des mœurs, le pauvre, le vagabond, le mauvais sujet, quels que soient le malheur de leur situation ou le vice de leurs penchants, ne croient point qu'il soit moralement permis de voler ; tout leur inculque cette interdiction, la leur rappelle quand ils l'oublient, et la loi qui les contient ne trouve que bien rarement, même en eux, une croyance directement opposée à redresser. Les hommes portés aux délits politiques sont ennemis au contraire des croyances comme des volontés de la loi ; elle affirme que l'ordre établi est bon, ils le jugent mauvais ; que sa durée est nécessaire, ils désirent sa chute ; qu'on a tort de l'attaquer, ils pensent qu'on a raison. Aucun point de contact n'existe entre ces hommes et la loi qui leur parle ; aucun principe commun ne les unit ; et pour s'en faire obéir autrement que par la peur, il faut que la loi commence par s'en faire croire.

Avant donc d'obtenir cette première et puissante efficacité qui consiste à fortifier l'antipathie du crime, les peines rencontrent ici un obstacle étranger à leur tâche accoutumée. D'ordinaire, elles n'ont point à traiter avec des croyances ; elles ne sont elles-mêmes que la sanction des croyances publiques, appliquée à des hommes qui les ont enfreintes, mais en les partageant. Comment la sanction d'un principe produira-t-elle son effet là où le principe n'est point ? Elle peut prouver la force d'un ennemi, non la justice de sa cause. Les grandes questions se retrouvent partout. Si la Providence n'avait imposé aux actions humaines d'autre frein que la crainte de leurs résultats, si les hommes uniquement livrés aux conseils de leur intérêt ou à la voix de leurs penchants, étaient dénués de ces convictions qui portent la règle dans le trouble des passions et la lumière dans les incertitudes de la vie, le chaos envahirait bientôt le monde, et le seul moyen d'y maintenir l'ordre serait l'abaissement subit de notre nature par la perte absolue de sa liberté. Mais l'homme, par ses croyances morales, se lie et s'adapte aux volontés de la Providence ; il est en rapport direct avec elle, comprend le langage de ses lois, admet leurs principes, s'y soumet librement, et malgré la lutte qui l'agite, malgré ses continuels écarts, n'a pas besoin que la force vienne, à chaque instant, substituer l'esclavage à l'obéissance.

Ce que serait l'homme dans ses relations avec la Providence, si les principes moraux lui manquaient, les hommes enclins aux délits politiques le sont à-peu-près dans leurs relations avec le pouvoir. Ils ne croient point ce qu'il croit, ne veulent point ce qu'il veut, lui contestent jusqu'à la légitimité de son existence. Comment le pouvoir agira-t-il sur eux ? Il a le bon sens de comprendre que la force ne lui suffit point, qu'il n'en aurait jamais assez pour exterminer ou emprisonner une portion de la société qu'il régit. Il faut qu'il change ses dispositions, qu'il rétablisse entre elle et lui cette communauté, sinon d'intentions, du moins de croyances, qui procure aux lois leur véritable empire, leur donne la vertu de prévenir cent crimes en en punissant un seul, et élève les ministres de leur action au rang de précepteurs des peuples, tandis qu'autrement ils tenteraient en vain d'en demeurer les geôliers.

De tous les moyens dont le pouvoir dispose pour atteindre ce but, à coup sûr les peines sont le moins efficace. La peine suppose le crime, et si la supposition n'est admise, son efficacité morale disparait. Voici ce qui arrive alors : ou l'homme que la peine atteint et ceux qui pensent comme lui jugent qu'on a tort de le frapper ; et dans ce cas, la peine ne produit sur eux que l'effet d'une injustice ; elle les irrite, les confirme dans leur opinion au lieu de la changer, les sépare du pouvoir plus complètement encore qu'ils n'en étaient séparés naguère, et va ainsi directement contre une partie de son dessein. Que si au contraire les ennemis du pouvoir conviennent qu'il a droit de les punir, s'ils reconnaissent qu'il déploie avec raison contre eux la force dont il dispose, c'est qu'ils ont pris le parti de se considérer avec lui comme en état de guerre. Dès lors tout lien social est rompu ; ce n'est plus de lois ni de châtiments qu'il s'agit ; les complots sont des embuscades, les supplices des défaites. Le gouvernement a perdu sa position morale ; il est descendu sur le terrain de la force ; tout est égal entre lui et ses ennemis ; comme il a droit de se défendre, on a droit de l'attaquer : il ment s'il réclame l'obéissance, on ment si on lui demande la justice. Tout cela appartient à la société, et la société est dissoute ; il n'y a plus que la guerre, avec la liberté de ses armes, la continuité de ses périls, et l'incertitude de ses résultats.

De toutes les peines, la peine de mort est celle dont l'emploi précipite le plus rapidement les partis et le pouvoir dans cette dernière situation ; elle rappelle la guerre, en réveille les sentiments, en provoque les vengeances. C'est donc aussi celle qui possède le moins le genre d'efficacité qu'il s'agit ici d'obtenir. Je le répète, cette efficacité a pour condition le redressement de certaines idées ; elle ne portera ses fruits qu'autant que les hommes à qui elle s'adresse auront consenti, en effet, à considérer comme coupables les actes dont elle veut les détourner ; au moins faut-il qu'ils aient conçu des doutes, que la pensée de la légitimité du pouvoir ait déjà pénétré dans leur esprit. Est-ce par des supplices qu'on influe sur des convictions ? On l'a tenté souvent, et quand l'extermination n'a pas réussi, la mort a toujours échoué. On dit qu'en ceci il n'y a point de convictions, qu'on lutte uniquement contre des penchants vicieux, des besoins désordonnés, des intérêts criminels. On se trompe ; dès que la moralité ou l'immoralité d'une action n'est pas évidente, dès qu'il y a lieu à la moindre incertitude, les passions, les intérêts, tout se cache sous des opinions, tout se résume et se métamorphose en idées : les plus pervers, les plus irréfléchis des hommes répugnent beaucoup à se passer de raisons, à se trouver seuls en face d'une brutale personnalité. Ils ont toujours un certain besoin de légitimer à leurs propres yeux la conduite la moins désintéressée ; ils rassemblent soigneusement les motifs, les prétextes, se saisissent des plus légers voiles : et quoi de plus aisé, après un bouleversement inouï, que de se former ainsi une croyance qui prête son appui à l'hostilité contre le pouvoir ? Quelle faction véritable n'a jamais été qu'une réunion de bandits poussés par de grossiers intérêts, et accessibles seulement à la crainte ? Le plus faible gouvernement aurait, de nos jours, bon marché d'un tel péril : mais on demande aux peines d'agir dans une bien autre sphère, on veut qu'elles apprennent aux citoyens qu'il est coupable de conspirer la chute de l'ordre établi, de livrer sa patrie aux chances terribles des révolutions. Eh bien ! qu'on sache que les peines n'ont de pouvoir pour propager ces idées qu'autant qu'elles les trouvent déjà dans les esprits ; qu'on ne se flatte point qu'elles les feront naître là où d'autres causes ne les auront pas déjà semées ; qu'on ne leur attribue point une vertu qui ne saurait leur appartenir : elles ne font point détester comme criminel ce qu'on regardait comme méritoire ; elles ne démontrent point la légitimité morale du pouvoir ; elles n'ont d'effet sur les croyances des peuples qu'autant qu'elles en découlent ; et quand ces croyances sont hostiles à l'autorité, c'est par d'autres moyens que les supplices que l'autorité peut réussir à les changer, et tant qu'elles ne seront pas changées, les supplices, au lieu de les réformer, affermiront leur empire.

Qu'on ne parle donc plus de la peine de mort comme capable de prévenir les crimes politiques en en inspirant l'aversion ; cette efficacité vraiment morale et la plus puissante peut-être contre les crimes ordinaires, est ici sans réalité ; et plus les partis sont animés, plus les périls du pouvoir sont grands, moins la peine de mort peut prétendre à cette influence salutaire. Elle n'est alors, pour le gouvernement et les factions, qu'un pas de plus dans l'inimitié, pour le public qu'un coup du sort, fatal au vaincu d'aujourd'hui et qui demain peut atteindre le vainqueur.

Agit-elle plus puissamment par la crainte ? J'ai déjà fait voir que, sous ce point de vue et par la seule différence de situation sociale qui existe entre des factieux et des voleurs, les crimes politiques offraient aux lois bien moins de prise que les crimes privés. Ce n'est pas là l'unique cause qui rende la terreur des peines moins efficace en matière politique, qu'on ne le pense communément.

Divers mobiles font agir l'homme ; et selon que ses actions dérivent de tel ou tel des principes qui le peuvent faire mouvoir, les moyens qu'on emploie pour l'en détourner conviennent plus ou moins à ce dessein. Qui ne sait qu'il ne faut pas parler à l'homme que gouverne l'intérêt comme à celui que la passion domine, ni à celui que possède la passion comme à tel autre qui se dirige par une opinion ou un devoir ? Nous étudions avec soin, dans les relations privées de la vie, ces diverses dispositions des hommes, et n'avons garde de dresser contre chacune d'elles un ressort qui ne s'y adapterait point. Le législateur qui agit sur les masses ne peut apporter dans son action cette justesse, cette convenance spéciale qu'obtient, dans les rapports d'homme à homme, une attention individuelle. Mais il peut ne pas commettre ces méprises profondes qui dirigent indifféremment les mêmes moyens contre les dispositions les plus différentes ; et puisqu'il le peut, il le doit, non seulement parce que c'est la justice, mais parce qu'ainsi le veut le succès.

La crainte, par exemple, a plus d'efficacité contre les intérêts que contre les passions, contre les passions que contre les idées. Il est plus aisé d'interdire par la peur le vol au pauvre que la vengeance à l'homme irrité, et l'homme irrité, à son tour, sera plus aisément contenu par la terreur des peines que le fanatique à qui sa croyance commande l'assassinat. En général, quand le principe qui pousse l'homme est d'une nature en quelque sorte matérielle, comme un intérêt purement personnel, la crainte a sur lui beaucoup de prise ; elle oppose intérêt à intérêt, et tout se passe ainsi dans la même sphère ; il y a similitude et convenance entre le mobile et l'obstacle. À mesure qu'on approche de l'ordre moral, la crainte perd de sa vertu ; elle cesse d'être en rapport naturel et direct avec les forces qu'elle prétend réprimer ; elle leur parle un langage qui n'est pas le leur, leur donne des raisons qui ne leur vont point, frappe ainsi au-dessous du but où elle veut atteindre ; et quand on arrive à la plus pure comme à la plus rare de toutes les forces, à ces convictions pleines et dominantes où la nature morale se déploie dans toute son énergie, la crainte demeure sans action sur l'homme placé au-dessus du monde où se renferme son pouvoir.

Qu'on y pense, ceci n'est point une théorie ; ce sont les faits, tels que les a réglés la Providence, qui a voulu que l'ordre matériel et l'ordre moral demeurassent distincts et profondément divers, même dans leur union.

À quelle sphère appartiennent les mobiles qui portent en général les hommes aux délits politiques ? Ici encore, la diversité est grande ; je suis loin de croire que tout se passe dans l'ordre moral, ou même sur ses limites. Parmi les causes qui suscitent des ennemis au pouvoir, il y a des idées, des passions, des intérêts, ici des sentiments honnêtes ou des croyances sincères, là des penchants effrénés, ailleurs l'égoïsme le plus brutal. Tous ces principes d'action se rapprochent, se confondent, et forment, par leur mélange, une force hétérogène, dont les divers éléments ne sauraient être combattus par les mêmes armes, ni réprimés par les mêmes moyens.

Que la crainte inspirée par le spectacle ou la chance de la peine de mort soit sans efficacité pour prévenir les explosions de cette force confuse, je ne le dis point ; mais je dis que son efficacité n'est pas simple, et que si elle rencontre dans l'adversaire qu'elle combat des parties où elle peut frapper avec succès, il y en a d'autres qu'elle n'atteint point, où même le contrecoup qui s'y fait sentir produit un effet contraire à celui que la loi pénale s'était promis.

Quand Charles II, poussé par les catholiques et par le goût du pouvoir absolu, entra dans la voie des condamnations et des supplices, l'opposition renfermait, comme il arrive toujours, les éléments les plus divers. Les sectateurs de la république s'y joignaient aux serviteurs de Cromwell ; le fanatisme des puritains n'y refusait point l'alliance d'hommes que le dégoût de controverses souvent ridicules avait rendus indifférents à toute croyance religieuse ; à des hommes que révoltait la licence de la cour s'associaient d'autres hommes que poussait le besoin du désordre, triste fruit des révolutions ; des ambitieux qui ne recherchaient, par la popularité, que la fortune ou le pouvoir, siégeaient à côté de patriotes sincères, amis désintéressés des libertés de leur pays ; lord Shaftesbury votait avec lord Russel. Dans le même parti enfin se rencontraient les plus nobles sentiments et les passions les plus coupables, les croyances les plus dévouées et les intérêts les plus mondains, les plus hautes vertus et les penchants les plus honteux.

Quel devait être, quel fut réellement sur un parti ainsi formé l'effet des rigueurs politiques. La cour en triompha d'abord : des hommes qui n'étaient entrés dans le parti que par intérêt s'en retirèrent ; les avides se laissèrent acheter, les timides se réduisirent au silence ; les vieux républicains, en perdant leurs illusions, crurent la liberté perdue sans retour ; Monk séduisit ou abandonna ses anciens compagnons, Shaftesbury s'enfuit en Hollande. La crainte eut son règne et sa gloire.

Mais en même temps qu'elle avait frappé le parti là où il était vulnérable par sa main, elle avait aussi profondément irrité et rendu irréconciliables avec le pouvoir des forces qu'il ne lui appartenait pas de vaincre. Si les lâches eurent peur, les braves s'indignèrent et se crurent en droit de tout tenter. Si la crainte valut à la cour quelques déserteurs du parti populaire, elle confirma le peuple dans son aversion de la cour. À ceux-là elle fit penser qu'ils avaient eu tort d'attaquer le pouvoir, à ceux-ci elle prouva qu'ils avaient eu raison. Les croyances réformées s'aliénèrent sans retour ; les passions, effrayées peut-être parmi les grands, s'échauffèrent dans la multitude ; les méfiances publiques devinrent incurables ; tous les amis des libertés nationales se jugèrent en péril. Pour les ambitieux du parti, lord Russel et Sidney étaient des conspirateurs malheureux, d'un exemple décourageant ; pour le peuple, ils furent des martyrs : et le temps montra bientôt que si la crainte avait porté d'abord des fruits doux au pouvoir, elle en avait semé qui lui devaient être bien amers.

Telle est, en matière politique, l'inévitable condition de l'efficacité indirecte des supplices ; on ne la renferme point dans les limites où elle pourrait servir, on ne borne point son action aux périls qu'elle combat avec succès ; elle amène ici l'effet qu'on cherche, là celui qu'on voudrait éviter ; on ne règle, on ne prévoit même pas toutes ses influences. C'est une arme d'une portée inconnue, qu'on lance au hasard, sans pouvoir dire si, après avoir utilement frappé sur un point, elle n'ira pas en cent autres lieux créer en revanche de nouveaux ennemis et de nouveaux dangers.

L'irréflexion des hommes explique toutes choses ; mais le pouvoir qui, pour détruire les factions politiques, invoque la crainte que répand la peine de mort, s'abuse d'une façon étrange, car en employant ce moyen, il ne sait ce qu'il fait.

Au moins devrait-il, avant d'y recourir, se rendre compte de la nature des périls qu'il redoute, de la composition intérieure des factions qu'il combat, et des effets si compliqués, si variables que la peine de mort y pourra produire. S'il avait affaire à des ennemis tels qu'étaient souvent, au treizième siècle, ceux des gouvernements établis ; si les luttes politiques portaient soudain dans la société un désordre matériel, et que les réunions de conspirateurs fussent toujours près de former des bandes de brigands, la crainte serait là dans son domaine ; elle aurait prise sur les hommes contre qui on se hâterait de l'envoyer. Si même, de nos jours, il s'agissait de séditions nées au sein de la multitude, provoquées par quelque passion brutale ou par quelque intérêt matériel, par le plus pressant, le plus excusable des intérêts, la famine, par exemple, là encore je concevrais l'emploi de la peine de mort. On pourrait en abuser odieusement, inutilement ; on s'en servirait du moins avec prévoyance, en en mesurant les effets, contre un mal auquel la crainte peut s'adapter. Mais maintenant les partis sont tout autrement constitués ; ils réunissent des hommes de toutes conditions, riches et pauvres, laborieux et oisifs, agités et paisibles, que lient entre eux des rapports innombrables et réguliers. Les complots, s'ils n'obtiennent pas un plein succès, s'ils ne changent pas la face des empires, ne vont presque jamais jusqu'à la tentative. Nous vivons dans une société récemment bouleversée, où les intérêts légitimes et illégitimes, les sentiments honorables et blâmables, les idées justes et fausses se tiennent encore de si près, qu'il est bien difficile de frapper fort sans frapper à tort et à travers. C'est un peuple ancien qui entre dans un ordre social tout nouveau ; les erreurs de l'inexpérience se déploient au milieu des sécurités de la civilisation ; tout est obscur et confus sans que rien soit déréglé ni violent. En un tel état des choses et des hommes, croire contre les périls politiques à l'efficacité de la peine de mort, et se confier dans la crainte qu'elle inspire, comme dans un grand moyen de gouvernement, c'est méconnaître et les maux et les remèdes, c'est prendre en main ces armes à la fois vieillies et empoisonnées, qui ne servent plus et qu'on ne manierait pas sans danger. Je retrouve partout la même méprise. C'est en se trompant de date qu'on s'abuse sur les moyens. Dans l'ancienne composition de la société, l'efficacité morale de la peine de mort était puissamment secondée par son efficacité directe et matérielle. Quand elle frappait un chef de parti éminent, connu de tous les siens, investi d'une force immense, non seulement sa chute personnelle dissipait un grand péril, mais la terreur saisissait le parti tout entier ; on disait partout : Comment cet homme est-il tombé ? Quoi ! ni sa richesse, ni son crédit, ni ses nombreux clients, ni ses places fortes n'ont pu le défendre ? Ses adversaires sont donc bien redoutables ! Comment échapper à leur pouvoir ? Comment lutter encore quand un tel homme a été vaincu ? Hors des combats politiques, le même phénomène est visible. La mort de Cartouche ou de Mandrin sera beaucoup plus exemplaire, agira sur les voleurs bien plus puissamment que celle d'un filou obscur. Que si vous descendez dans la multitude, vous retrouverez le même rapport entre l'efficacité matérielle et l'efficacité morale des supplices : ici, le nombre suppléera à la renommée. Quoi d'étonnant que la population d'un district soit glacée d'effroi ? Elle a vu ses rangs éclaircis par les châtiments ; elle rencontre à chaque pas les instruments ou les débris des rigueurs du pouvoir. La sépulture même est refusée aux tristes restes des hommes, et les morts demeurent sur la terre pour épouvanter les vivants.

À ce prix on obtient la crainte : de là l'efficacité indirecte de la peine de mort recevait jadis son terrible empire. Essayez maintenant de le lui rendre ; vous n'en pouvez remplir les conditions, vous ne multiplierez pas les supplices politiques au point d'effrayer par leur nombre. Pour tenter de pareils effets, il faut, comme la Convention, renoncer à la durée ; et si quelque gouvernement osait encore en faire l'essai, le péril marcherait contre lui au moins aussi vite que la peur parmi les citoyens. La société ne vous fournit non plus, à frapper, aucun de ces hommes dont la chute partout célèbre portait partout la terreur. Vous sévirez çà et là contre des malheureux obscurs que, dans la pensée du public, aucune force n'environne, dont il ignorait le nom, qui ne seront connus que par leur malheur. Que prouvera leur ruine ? Ce n'est pas la force du pouvoir, le combat était trop inégal. Est-ce sa justice ? Prenez garde : quand l'intérêt est personnel et la supériorité si immense, la justice devient aisément suspecte ; si le doute est possible, comptez que dans beaucoup d'esprits, il équivaudra à la certitude. Quelle peur avez-vous donc propagée ? Ce n'est pas celle que commande la force, mais celle qu'inspire l'iniquité ; à répandre l'une sans l'autre, je ne crois pas qu'un gouvernement ait rien à gagner.

C'est cependant là l'erreur qui les possède quand ils se confient aujourd'hui dans la peine de mort ; ils se méprennent sur la crainte qu'ils répandent, et croient avoir prouvé leur force quand ils n'ont fait que mettre en doute leur sagesse ou leur équité. La force ne se prouve pas si aisément ni toujours de la même manière.

Deux gouvernements ont despotiquement dominé la France, l'un, la Convention, a régné par les supplices politiques ; l'autre, Bonaparte, s'en est peu servi, a même pris soin de les éviter. L'un et l'autre, par des moyens bien différents, ont été forts et redoutés, l'échafaud a-t-il fait seul la force de la Convention ? Nul homme sensé ne peut le croire : il y a eu sa part, comme les incendies qui s'allument et les maisons qui s'écroulent, et les brigands qui se déchaînent ont la leur dans la terrible puissance des tremblements de terre ; mais bien que les effets de la secousse redoublent sa dévorante énergie, son foyer est ailleurs que dans ses effets ; et la Convention se consumant elle-même presque aussi vite que ses ennemis, est tombée dans l'abîme d'où elle était sortie ; car la force a beau être grande, le crime qui la fait triompher la perd aujourd'hui plus rapidement que jamais. Bonaparte a été fort à son tour ; mais ce n'est point par les supplices qu'il a prouvé et fait craindre sa force ; il a puni quelques complots, il en a étouffé, dissimulé bien davantage ; il a même dissimulé surtout ceux qui provenaient du parti opposé à la révolution. Porté au pouvoir par le besoin de l'ordre, de la justice, et contre l'anarchique tyrannie des jacobins déjà vieillis, il comprit fort bien qu'il fallait demander la force aux mêmes intérêts, aux mêmes sentiments qui venaient de lui valoir l'empire. La nécessité de l'ordre au-dedans et de la victoire au-dehors avait fait le 18 brumaire, Bonaparte régna comme il s'était élevé, par l'ordre et la victoire ; et quand par ses fautes, il eut perdu ou compromis en Europe la victoire, en France la sécurité, il tomba plein de vie encore, mais ayant cessé d'être fort.

C'est qu'il y a pour les gouvernements, qu'on me permette l'expression, une étoile d'où la force leur vient et qu'ils ne sont pas libres de choisir ni de renoncer sans danger. Ils naissent et vivent avec une nature qui leur est propre, dans une situation qu'ils n'ont point faite, sous des conditions qu'ils ne règlent point. Leur habileté consiste à les connaître et à s'y adapter. Alors ils sont forts, l'un par la guerre, l'autre par la paix, celui-ci par la sévérité, celui-là par la douceur, selon que ces divers moyens de gouvernement sont en rapport avec les lois spéciales de leur destinée. Et s'ils méconnaissent ces lois, s'ils se méprennent sur les moyens de gouvernement qui leur correspondent, s'ils se figurent qu'ils peuvent tenter indifféremment telle ou telle route, faire mouvoir, selon leur fantaisie, tel ou tel ressort ; s'ils considèrent le pouvoir comme un arsenal de toutes armes également maniables et utiles pour tous venants, alors leur étoile les abandonne ; ils hésitent, chancèlent, essaient en vain de mille ressources qui leur manquent successivement, et se sentent faiblir de jour en jour, en s'étonnant, bien à tort, qu'une conduite qui a si bien réussi à d'autres ne fasse qu'accroître leurs embarras et leurs périls.

Quelle était l'étoile de la restauration ? Sous quelles lois natives le gouvernement actuel se trouvait-il placé ? Où étaient pour lui les éléments de la force, et quels moyens d'action convenaient à sa position comme à sa nature ? J'ai besoin de le savoir pour découvrir si la peine de mort en matière politique est vraiment une arme à son usage, et qui conserve entre ses mains, dans son intérêt comme dans celui du peuple, une salutaire efficacité. Ce n'est pas ma faute si la question prend tout à coup cette étendue : je me garderai de m'y engager trop avant ; mais il faut bien que je la suive partout où elle me conduit.

4

# SUITE DU PRÉCÉDENT.

Je ne dirai qu'un mot du dehors. La restauration a trouvé en France la guerre, et la France, comme l'Europe, lasse de la guerre. Elle a été, pour la France et pour l'Europe, un gage de paix. La paix était donc la loi générale de sa destinée. C'est là qu'elle a dû chercher sa force et aussi sa dignité, car l'une et l'autre s'y peuvent rencontrer, ne s'y rencontrent même pas séparément, du moins pour longtemps.

Au-dedans, la restauration n'a trouvé ni l'anarchie, ni l'impiété, ni le mépris des lois, ni la lutte des classes, ni tous ces fléaux révolutionnaires dont on nous parle aujourd'hui, comme s'ils avaient sans interruption possédé la France durant vingt-cinq ans. Cela n'est pas vrai. L'ancienne noblesse vivait en paix avec la nouvelle, et toutes deux avec la nation. Les vanités avaient leurs sottises comme leurs plaisirs, le pays n'y songeait guère et ne s'en inquiétait point. Le pouvoir était constitué, mal pour l'avenir et contre nos droits, je le pensais alors comme aujourd'hui, fortement du moins, et de manière à ce que le désordre ne fut à craindre ni pour nous ni pour lui-même. Le désordre moral, ce dévergondage intérieur qui se produit par l'incrédulité, la licence domestique, le mépris de tout ce qui existe, l'aversion de toute règle et de tout frein, avait cessé. L'ordre, nécessité impérieuse et aveugle en 1799, était en 1814 une habitude et un goût général : la restauration n'a point eu à le rétablir.

Ce qui est vrai, c'est que l'ordre, non seulement politique mais moral, était sans garanties. Sous le rapport politique, point d'institutions réelles, indépendantes, subsistant par leur propre force, et capables de protéger soit les intérêts généraux contre les prétentions individuelles, soit les intérêts individuels contre la tyrannie des intérêts généraux et les erreurs ou les vices naturels du pouvoir. Un homme avait suffi à beaucoup, avait prétendu suffire à tout. Il laissait en tombant la société nue et désarmée : elle avait des droits et nul moyen de les exercer, des forces et nul moyen de les déployer sans trouble, des besoins et nul moyen d'y pourvoir elle-même par sa propre action.

Sous le rapport moral, le mal était moins apparent, mais réel et profond. L'ordre régnait, dans les faits sociaux, même dans les mœurs ; les principes de l'ordre n'étaient point dans les âmes. Je les résumerais volontiers en deux mots, le ferme sentiment du droit et de vraies croyances. Les croyances et le sentiment du droit nous manquaient presque également. Je ne dirai pas que, dans ce respect de la religion et de la morale qui avait remplacé le cynisme révolutionnaire, il y eût de l'hypocrisie ; cependant il n'y avait pas de sincérité : c'était un respect extérieur fondé sur des nécessités et des convenances, non sur des convictions et des sentiments. On le croyait bon et on l'observait, mais sans avoir en soi ce qui le commande, sans s'inquiéter de sa légitimité. Le chef du gouvernement en donnait l'exemple ; mais s'il en voulait les habitudes, il en redoutait les principes, car en se moquant des idées il connaissait leur empire. De la discipline sans règle morale, l'obéissance dans l'indifférence, c'est ce qu'il cherchait, et la société sous sa main prenait peu à peu ce caractère, jamais l'ordre ne fut à la fois plus exact et plus étranger à la vie intérieure de l'homme, jamais tant de régularité ne s'unit avec si peu de foi.

Quant à l'idée du droit, elle ne s'élevait guère au-dessus des relations civiles ; hors de là, la force régnait si pleinement qu'il semblait qu'à elle seule le droit appartînt. Dès qu'il existe chez un peuple une volonté devant laquelle tout doit disparaître ou du moins se taire, le sentiment du droit y périt ; et si cette volonté est en même temps très active, si elle est possédée du besoin de se déployer en tous sens, dans la guerre, dans la paix, se portant partout et partout taxant d'illégitimité tous les obstacles, elle exerce sur les hommes la plus redoutable corruption qu'ils puissent subir, car elle leur fait perdre la puissance et jusqu'à la pensée de résister, c'est-à-dire d'exister moralement. Le droit, c'est le droit de résistance ; il n'y en a point d'autre, car, celui-là ôté, tous les autres ne sont plus. Bonaparte les frappait donc tous au cœur, du moins dans leurs rapports avec son pouvoir ; et repoussant ainsi d'une part les croyances, de l'autre les droits, il enlevait à l'ordre qu'il maintenait sans le fonder toute garantie autre que des habitudes et sa volonté.

Ce que n'avait pas fait Bonaparte, la restauration pouvait nous le donner : c'était à la fois sa mission et sa nature. C'était sa mission, car un gouvernement n'en a point d'autre que de satisfaire aux besoins qu'il trouve dans la société où il s'établit, non seulement aux besoins permanents et universels de toute société, mais encore, et surtout peut-être, aux besoins spéciaux de son époque : or, ainsi que Bonaparte avait eu à ramener l'ordre extérieur et à faire cesser, par le despotisme d'une volonté unique, l'anarchie des volontés individuelles, de même la restauration, prenant les choses où Bonaparte les avait laissées, avait à faire pénétrer dans l'ordre extérieur les croyances qui le garantissent en constituant l'ordre moral, et à remplacer l'empire d'une volonté par l'empire du droit. Moins visibles, ces besoins n'étaient pas moins réels ; ils se laissaient apercevoir au fond de tous les vœux légitimes de tous les partis.

Il était aussi dans la nature de la restauration d'y répondre. Et d'abord elle était astreinte à des institutions de liberté. Je me sers de ce mot, parce que c'est le seul où l'impérieuse nécessité de la Charte me paraisse pleinement exprimée. De tels arrêts n'ont rien d'offensant pour le pouvoir auquel ils s'adressent, car c'est la Providence qui les porte. Les méfiances que la restauration ne pouvait pas ne pas exciter en exigeaient des garanties, la liberté seule pouvait les offrir. Ainsi la liberté était nécessaire à la restauration encore plus peut-être qu'un grand pouvoir au consulat : or, c'est au sein de la liberté que se développent les croyances publiques ; c'est sous son ombre que germent et grandissent les idées générales conformes au vœu des temps, à l'instinct des esprits, appelées et accueillies par les besoins secrets d'un peuple entier. Le despotisme ne les produit jamais, et les grandes convictions qui ont gouverné le monde ne se sont jamais formées que contre le pouvoir ou dans des états déjà libres.

L'idée et le sentiment du droit naissent nécessairement de la liberté. Ceci n'a pas besoin de preuves, surtout dans les temps modernes, où les sanglants combats que se livraient les factions des petites républiques grecques ou italiennes ne seraient, aux yeux de personne, la liberté.

Ce n'est pas tout, ce qui était pour la restauration une nécessité était aussi analogue à sa nature ; elle tirait sa force non de la force même mais d'une idée. On a beaucoup abusé, on abusera beaucoup encore du mot de légitimité. On perd beaucoup à en abuser, car en essayant d'y faire entrer ce qu'il ne contient point, on courait le risque d'en faire sortir ce qu'il contient de vrai et fort. Il exprime un droit, un droit limité, comme ils le sont tous quand ils se déploient en présence d'autres droits, mais réel et qui se prouve en se montrant. Ce droit a fait la force de la restauration, il a fait la restauration elle-même. Elle a été l'œuvre de l'empire qu'exercent sur l'esprit des hommes, grands et petits, souverains et sujets, les souvenirs d'une longue possession, certains principes moraux et les sentiments qui les accompagnent. Quoi qu'on pense du droit, de son origine, de ses conditions, de ses bornes, on ne saurait méconnaître qu'il y a là un fait, un fait puissant, et dont le pouvoir se faisait sentir à Cromwell et à Guillaume III, comme sous le règne de Charles II.

C'est la conséquence de ce fait que, fondé sur une idée morale et soutenu par celles qui s'y rattachent ou en dérivent, les développements de sa force doivent être cherchés surtout dans l'ordre moral, où son principe réside provoquée par des croyances, opérée en vertu d'un droit, les croyances et les droits étaient, pour la restauration, les moyens naturels de gouvernement. Subissant des nécessités au moment même de son triomphe, obligée d'accorder, en revenant, à la révolution qu'elle redoutait, ce que la révolution avait voulu, elle avait à concilier des principes et des droits qui s'étaient fait la guerre ; mais cela même était une œuvre morale, étrangère à l'action directe de la force, et que de nouveaux sentiments, de nouvelles idées pouvaient seules accomplir. Bonaparte avait relevé les autels et rendu au culte ses solennités, malgré quelques clameurs révolutionnaires, les non-catholiques n'en avaient point conçu d'alarmes. Après la restauration, le catholicisme devait demander, et la liberté de conscience craindre beaucoup plus. Pour défendre la société et se défendre elle-même de ce péril, qu'avait à faire la restauration ? Pouvait-elle, comme la révolution ou même Bonaparte, traiter les diverses communions tantôt avec rigueur, tantôt avec complaisance, et permettre ou restreindre arbitrairement leur action ? Non : cela eût contrarié l'ensemble de ses institutions et choqué le respect qu'elle devait à la foi comme à la liberté. Une autre conduite était à son usage ; elle devait, elle pouvait s'emparer fortement du principe de la liberté religieuse, en déduire toutes les conséquences, le proclamer dans tous ses actes, l'inculquer à tous les esprits, en faire enfin une de ces doctrines de gouvernement, une de ces croyances publiques qui, réellement adoptées, se retrouvent partout, agissent par leur propre vertu, et maintiennent l'ordre sans que le pouvoir soit, en chaque occasion, forcé d'y mettre la main. Tous les besoins de l'ordre nouveau prescrivaient à la restauration un travail analogue ; et elle avait, d'une part dans les nécessités de sa situation, de l'autre dans les propriétés de sa nature, de quoi suffire à cette noble tâche. La protection accordée aux idées religieuses et morales n'était point, de sa part, l'aveu d'une erreur ; car toutes ces idées se ralliaient spontanément autour d'elle. Le respect des droits lui importait beaucoup, car elle-même puisait son titre dans un droit. Le maintien des libertés publiques ne lui était pas moins conseillé que leur établissement ; car elle ne pouvait, comme Bonaparte, prétendre au despotisme par la victoire. C'était enfin sa condition et sa destinée de gouverner surtout par les influences morales, d'en seconder le développement, de fonder sur leur empire l'ordre qu'elle trouvait rétabli, et de ne recourir à la force que rarement, avec regret, comme à un moyen étranger à sa nature, et d'un emploi fâcheux pour elle, même dans la nécessité.

Qu'on regarde aux occasions où le gouvernement actuel a essayé de ce moyen, on se convaincra sans peine que les lois naturelles qui le dominent lui en conseillent peu l'usage. Tantôt, comme dans les moindres agitations populaires, on l'a vu déployer la force avec une précipitation, une étendue qui indiquaient moins d'habiletés que d'inquiétude ; tantôt, comme dans le procès de la Cour des Pairs, on a cru observer des intentions de rigueur qui pouvaient inspirer beaucoup d'alarmes, et n'ont abouti qu'à des peines correctionnelles. Presque toujours le mouvement a paru au-dessus de la cause, et l'effet au-dessous du mouvement. J'ignore si c'est avec raison que, du dehors et dans ces divers cas, un observateur tranquille a pu juger ainsi ; mais quoi qu'il en soit, l'emploi de la force et les annonces de sévérité ont manqué de motif ou d'adresse ; et beaucoup d'esprits se sont trouvés dans l'alternative de croire que le pouvoir s'en servait à tort ou ne savait pas s'en servir. L'une ou l'autre de ces fautes prouverait également que ce n'est point par là qu'il lui convient de gouverner. C'est peu de réussir par la force au moment même où on l'invoque, quel gouvernement n'en vient à bout ? Il faut encore qu'après l'avoir mise en œuvre, il laisse le public convaincu qu'il en a eu besoin, et l'a su manier assez bien pour rendre ce besoin plus rare. Si la première de ces convictions manque, le pouvoir est soupçonné de timidité et de malveillance ; si c'est la seconde, on le taxe de malhabileté, et l'emploi qu'il a fait de la force l'affaiblit au lieu de l'affermir.

Je n'irai pas plus loin, j'en ai dit assez pour indiquer dans quel système de gouvernement la restauration me semblait née, et comment, en essayant d'en sortir, elle en perdrait les avantages sans acquérir ceux d'un système différent. Elle ne peut pas plus s'affirmer par les rigueurs juridiques que par les conquêtes. Si jamais la crainte devenait le ressort de son pouvoir, si pour se maintenir elle avait besoin d'épouvanter les intérêts, les opinions, les sentiments qui lui sont suspects, plus le besoin serait pressant, plus l'arme serait inutile, et le péril croîtrait avec la nécessité.

Elle peut donc, moins encore que d'autres gouvernements, se confier dans l'efficacité indirecte de la peine de mort. Rarement simple, et souvent, dans la complication de ses effets, plus nuisible que profitable, ce moyen porterait dans le régime actuel plus de trouble que de sécurité. Personne en France ni en Europe ne pensera jamais que la restauration soit appelée à écraser tout ce qu'elle peut craindre ; elle n'a pu donner de sa force matérielle de telles preuves que les esprits se soumettent spontanément à l'en voir beaucoup user. Quand elle frappe, bien des gens sont tentés de la croire plus sévère que ne veut la justice, ou plus menacée qu'elle ne l'est réellement, et ses coups réveilleraient moins l'idée de son énergie que celle de son danger. Plus d'un gouvernement, après de grandes rigueurs, a été jugé faible encore ; et alors il s'est trouvé dans la pire des conditions, dans celle d'un pouvoir dont la faiblesse provoque les complots, et qui essaie ensuite de combler par des supplices les abîmes que sa faiblesse a ouverts. C'est qu'il faut que la force existe avant de prétendre à inspirer la crainte, et que, pour la restauration, les sources de la force sont ailleurs que dans les moyens de terreur. Je le répète, le pouvoir lui-même en a aujourd'hui l'instinct, car il n'a point, en laissant tomber la mort, cette confiance, cette certitude du succès qui en est presque le gage. Il presse et redoute les sentiments que peut exciter ce triste spectacle sans se tenir pour assuré de la crainte qu'il veut faire naître. Cet instinct ne le trompe point, c'est la voix de sa nature. Il est voué à la modération dans les peines comme, dans ses relations extérieures, à la douceur comme à la paix. La Charte a aboli la confiscation et la restauration s'en honore justement. Je ne demande point l'abolition de la peine de mort ; mais je suis convaincu que, contre ses ennemis, le gouvernement ne gagne rien à en user, et gagnerait beaucoup à s'en montrer fort avare. Elle ne peut plus avoir aucune efficacité matérielle et directe. Son efficacité morale est beaucoup moins grande contre les crimes politiques que contre les crimes privés ; nulle pour inspirer l'aversion du crime ; équivoque et mêlée des résultats les plus divers quand elle tend à propager la crainte ; plus faible, plus incertaine, plus périlleuse pour le gouvernement actuel que pour des pouvoirs d'origine et de situation différentes. Est-ce assez ? Il s'en faut bien que ce soit tout. Bien d'autres raisons, bien d'autres dangers s'élèvent contre la peine de mort en matière politique. Je vais les dire.

# 5

## DOUBLE CARACTÈRE DU GOUVERNEMENT.

Ce que cherche le pouvoir dans la peine de mort, c'est la sécurité. J'ai montré qu'il ne l'y trouvait point ; mais il y trouve ce qu'il ne cherchait pas, ce qu'il doit et veut toujours éviter.

Il y a des vérités simples que personne ne conteste, qu'admet soudain le bon sens, et qui cependant ne semblent admises que pour être aussitôt oubliées. On dirait que parce qu'elles sont simples, elles sont stériles, et qu'en les adoptant sans débat on est dispensé de faire attention à leurs conséquences. Voici une vérité de ce genre. Tout gouvernement porte un double caractère. Comme chargé de maintenir l'ordre public et la justice, de conduire les affaires de l'État, il représente l'intérêt social. Formé d'hommes, et ouvert ainsi aux passions comme aux vices de notre nature, il a de plus un intérêt purement personnel, qui est de faire sa volonté et de durer à tout prix.

Que ces deux caractères se réunissent dans le pouvoir, que l'un soit légitime, l'autre illégitime, que les institutions aient pour but de contraindre le pouvoir à n'agir que selon le vœu du premier, et de prémunir les peuples contre les périls du second, qui ne le sait ? Qui songerait à en douter ? Le pouvoir lui-même n'oserait être d'un autre avis.

Mais voici où le pouvoir oublie ce qu'il n'aurait garde de nier.

De ce fait qu'il n'est appelé à agir que dans l'intérêt social, et que cependant il conserve un intérêt personnel distinct, découle cette conséquence que tout ce qu'il fait en vertu du premier caractère le fortifie, que tout ce qu'il fait en vertu du second l'affaiblit.

Quoique souvent méconnu par le pouvoir, ceci est encore évident : je ne parle ni de légitimité, ni de justice, ni d'aucune obligation morale. Indépendamment de tout motif de cet ordre, il est clair que si le pouvoir agit uniquement pour son compte, dans le seul intérêt de sa volonté ou de sa durée, il se sépare de la société, court le risque qu'elle ne s'en aperçoive, et s'expose, si elle s'en aperçoit, à se voir délaissé ou même attaqué par cette force générale d'où la sienne lui vient.

Que la prudence prescrive au pouvoir de se montrer toujours sous son aspect social et de dissimuler sa physionomie individuelle ; qu'il lui importe beaucoup de paraître, en toute occasion, le représentant de l'intérêt public, et non le ministre de son propre intérêt, c'est ce que prouveraient, s'il fallait le prouver, ses continuels efforts pour donner en ceci le change sur sa conduite, et passer encore pour l'organe de la société alors même qu'il agit contre ses besoins ou ses vœux.

Abjurer tout caractère personnel pour ne retenir que son caractère social, ce serait, de la part du pouvoir, la plus haute vertu. Convaincre les peuples qu'il n'agit que dans un intérêt général et place son sort dans leur sort, c'est sa plus grande habileté. Se laisser voir seul, préoccupé surtout de lui-même, et dans la nudité de son existence distincte, c'est sa plus sotte et aussi sa plus périlleuse folie.

Des temps ont été où les gouvernements pouvaient s'y laisser induire avec moins de dangers. Quand il puisait son revenu dans ses domaines, quand il possédait ses places de guerre comme ses champs, quand il se formait une armée d'aventuriers attirés par la solde seule et engagés à le servir partout, alors le pouvoir avait une existence séparée et une force distincte de celles de la société. Habile, il s'appliquait encore à s'identifier avec son pays, et en recevait une force bien supérieure ; mais incapable ou passionné, il pouvait s'isoler, du moins pour un temps, vivre sur son propre fonds, et conserver quelque réalité en perdant son caractère public, en laissant dominer dans ses actes et dans son langage ses sentiments et ses intérêts personnels.

Ces temps ne sont plus : le pouvoir qui ne vit plus par lui-même ne peut vivre maintenant pour lui seul. Tout le rappelle incessamment vers la société. Veut-il de l'argent ? il faut qu'elle l'accorde ; des lois ? il faut qu'elle les approuve. S'il agit, on juge ses actes ; s'il parle, on commente ses paroles : le public pèse constamment sur lui avec l'empire de la nécessité. Comme représentant de la société, sa force peut être immense, plus grande qu'elle ne fut jamais : comme être spécial et isolé, elle est presque nulle. Seul aujourd'hui, demain il ne sera rien.

Il a donc le plus grand intérêt à éviter les apparences de l'égoïsme, à faire dominer, dans sa physionomie, son caractère public sur son caractère individuel.

Or, il y a des traits qui appartiennent à l'un plutôt qu'à l'autre de ces caractères, des symptômes qui révèlent celui-ci et non celui-là. L'emploi de la peine de mort en matière politique est de ce nombre. Il annonce la prédominance de l'existence personnelle du pouvoir sur son existence sociale, le fait croire occupé surtout de lui-même et aux prises avec un péril qui ne touche peut-être que lui. Quoi de plus naturel ? Quand on reporte ses regards sur l'histoire, quand on demande raison de tout le sang versé sur l'échafaud politique, il est bien rare que la société passée se lève et réponde : Ce sang fut versé pour moi. Presque toujours les gouvernements se présentent seuls pour rendre compte de ces supplices ; leurs passions, leurs fautes, leurs intérêts seuls les ont commandés ; et après les malheureux qui les ont subis, la société elle-même en a souffert. Je sais que la perspective de cette responsabilité future inquiète peu le pouvoir, moins parce qu'il est pervers que parce qu'il est léger comme l'homme ; mais nous en avons du moins recueilli cette science, que les nécessités du pouvoir qui tue, souvent mensongères quant à lui-même, sont presque toujours fausses quant à la société ; et que si, pour se défendre, il s'est vu contraint de tuer, c'est qu'il a été contraint de se défendre, parce qu'il avait voulu ce qui ne convenait qu'à lui seul.

Peu répandue jadis, bornée presque aux seuls moralistes, cette science est maintenant populaire ; elle est devenue pour nous une sorte d'instinct qui nous révèle, dans toute leur étendue, la situation et le mensonge du pouvoir. Quand on dit que les illusions de ce qu'on appelle la monarchie se sont dissipées, que les prestiges se sont évanouis, on ne sait pas à quel point on dit vrai. Ce n'est pas cependant qu'il s'agisse en tout ceci d'illusions ni de prestiges, c'est que les choses mêmes sont changées : toutes les sphères d'existence ou d'action se sont élargies ; ce qui était particulier est devenu général non seulement dans la société et pour sa garantie, mais dans le gouvernement et à son profit. Ce bourgeois dont les affaires sortaient peu de sa corporation, dont les pensées dépassaient rarement les murs de sa ville, se sait maintenant engagé et compromis dans les affaires les plus hautes, dans les délibérations les plus éloignées. Les mots *raison d'état, nécessité politique*, qui le frappaient autrefois comme des paroles obscures dont il acceptait l'empire sans essayer même d'en comprendre le sens, réveillent en lui des idées qui l'inquiètent, des sentiments qui l'agitent. Il a raison de s'en inquiéter bien plus que jadis ; car ce gouvernement, qui alors avait aussi sa sphère à part, plus élevée, plus grande, mais cependant spéciale et restreinte, ce gouvernement est devenu lui-même beaucoup plus général, plus directement, plus universellement associé aux intérêts et à la vie de tous les citoyens. Lui faut-il de l'argent ? il en demande à tous. Fait-il des lois ? elles sont pour tous. A-t-il des craintes ? tous peuvent en être l'objet. Il n'y a plus de grands, plus de petits pour le pouvoir ; il est en rapport avec les magistrats de village comme avec les chefs des corps de l'État ; il a partout quelque effet à produire, peut recevoir de toutes parts quelque motif d'action. Quoi d'étonnant que la condition du gouvernement et la disposition des peuples soient changées ? Ces changements sont réciproques et se correspondent. Si le pouvoir n'a plus de mystères pour la société, c'est que la société n'en a plus pour le pouvoir ; si l'autorité rencontre partout des esprits qui prétendent à la juger, c'est qu'elle a partout quelque chose à exiger ou à faire ; si on lui demande en toute occasion de légitimer sa conduite, c'est qu'elle peut disposer de toutes les forces et a droit sur tous les citoyens ; si le public se mêle beaucoup plus du gouvernement, le gouvernement agit aussi sur un bien autre public, et le pouvoir s'est agrandi comme la liberté.

De quoi vous plaignez-vous donc ? Votre ambition serait-elle si petite que cela vous déplût ? Il est vrai, vous avez perdu cette indépendance qui appartient à la vie privée, et qu'avait introduite dans les gouvernements modernes le caractère des mœurs comme des libertés germaines. Vos passions, vos intérêts personnels ne sont plus de mise dans l'ordre nouveau qui vous environne ; vous ne pouvez les écouter qu'on ne le devine, ni leur obéir qu'on ne vous reproche de manquer à votre mission. Mais aussi quelle mission est la vôtre ! Si vous êtes en harmonie avec la société, la société tout entière se concentre et se contemple en vous. C'est en s'offrant tout entière à vous qu'elle vous demande de n'exister que pour elle. Vous pouviez jadis vous livrer à cette politique factice qui émane des idées ou des volontés d'un seul homme, et tourmente les nations pour les adapter à des desseins qui leur sont étrangers. Maintenant il faut que la politique soit vraie, c'est-à-dire nationale, et cela restreint, j'en suis d'accord, l'action capricieuse ou les conceptions arbitraires des individus. Mais aussi quelle force, quel éclat, quelle rapidité accompagnent la politique nationale et vraie ! Quel pouvoir est plus beau de celui qui représente l'intérêt et le vœu d'un peuple, ou de celui qui n'accomplit que la pensée et ne répond qu'à l'intérêt d'un homme ? Je l'avoue, je ne conçois pas l'hésitation.

Du reste peu importe qu'on hésite ; je n'insiste en ce moment sur cet état nouveau de notre société que pour prouver que le pouvoir n'est pas libre de choisir, et que si sa conduite paraît dictée par les nécessités de sa situation personnelle, plutôt que par celles de la situation sociale qui doit se manifester en lui, il tombera dans une faiblesse profonde ; car la société reconnaîtra soudain qu'il s'est séparé du sort comme de l'intérêt public, et qu'il ne s'agit que de lui seul.

Or, comment veut-on que la peine de mort en matière politique ne réveille pas, dans la société, cette idée ? Il est, je le sais, des temps terribles où les peuples eux-mêmes en invoquent, en excusent du moins l'emploi. Je ne les crois point à l'abri de ces effroyables maladies qu'engendrent les passions ou les erreurs humaines mais les crises de ce genre sont rares, courtes, et c'est précisément quand elles ont eu lieu que la peine de mort devient plus suspecte ou plus odieuse. Rappelez-vous avec quelle ardeur la France s'est précipitée dans la douceur envers les émigrés ; en dépit de toutes les méfiances, des animosités passées, des prévoyances possibles, une bienveillance presque universelle pour ces malheureux proscrits s'empressa d'éclater, et la politique révolutionnaire fut perdue, parce qu'elle ne pouvait devenir juste ni demeurer cruelle. Depuis cette époque, la peine de mort est, aux mains de la politique, une arme qui la compromet plus qu'elle ne la sert. Le pouvoir n'y recourt presque jamais qu'on ne le juge en péril, en péril pour son compte seul et parce qu'il a tort. On dirait que la société, épouvantée de ce qu'elle a vu, ne veut plus accepter la responsabilité d'aucun supplice politique, et qu'elle est décidée à croire que, s'il en faut, c'est le gouvernement seul qui en a besoin, qui, par ses fautes, en a créé la nécessité. Et cela est vrai surtout d'un gouvernement qui n'est pas d'hier, qui a déjà duré et pu prendre sa vraie position. S'il arrivait, s'il sortait à peine des luttes qui ont entouré sa formation, on pourrait penser, en le déplorant, qu'il n'a pas eu le temps de se faire connaître, de dissiper, par sa sagesse, ses ennemis et ses périls, que des exemples sont nécessaires, et que les rigueurs d'aujourd'hui procureront demain la sécurité. Mais si le gouvernement a vécu assez longtemps, si les moyens légaux et le loisir n'ont pas manqué à son influence, s'il a pu se montrer sage et devenir fort par son harmonie avec le public, alors les complots ne peuvent renaître et les supplices recommencer sans qu'aussitôt la société n'en repousse loin d'elle la nécessité et le blâme : alors le pouvoir revêt, à ses yeux, ce caractère personnel et isolé qui le perd ; ce n'est plus le pouvoir social, ce n'est plus elle-même qu'elle reconnaît en lui ; elle n'y voit, elle n'y veut voir qu'un intérêt qui n'est pas le sien, des besoins qu'elle désavoue, des intentions qu'elle ne partage point. La justice d'un tel gouvernement n'est point la vraie justice, ses nécessités ne sont point de vraies nécessités.

C'est qu'il y a, en effet, en matière de châtiments politiques comme ailleurs, une justice et une nécessité véritables, souvent distinctes de la justice légale et des nécessités du pouvoir. Les gouvernements ont été longtemps dispensés de s'en inquiéter. Dans les temps de barbarie, et la durée en a été longue, la justice légale même ne semblait pas requise ; les nécessités personnelles du pouvoir suffisaient. Attaqué, il avait tout droit pour se défendre, et l'exécution d'un conspirateur n'exigeait guère plus de délais ni de formes que la mort d'un ennemi. Peu à peu l'idée de la justice légale s'introduisit dans la politique ; les peuples en vinrent à croire, et le pouvoir fut forcé de convenir qu'il y avait là autre chose que de la guerre, et que, contre les crimes de ce genre comme contre tous les autres, il fallait des lois, des formes, des preuves et des jugements. C'était un progrès immense ; il est consommé. Mais la carrière des progrès n'est point à son terme, et le public en a fait, en invoque de nouveaux. Les lois qui règlent le châtiment des crimes politiques peuvent être insuffisantes ou même mauvaises. Les nécessités qui livrent les prévenus aux lois peuvent être fausses. La société est même portée à le supposer, surtout quand il s'agit de la peine de mort. Soupçonnant dès lors que le pouvoir s'est isolé d'elle et n'est conduit que par son propre intérêt, convaincue en même temps que cet intérêt ne suffit point pour légitimer les supplices, et que le pouvoir n'a point le droit de se défendre à tout prix ; assez éclairée aussi pour savoir que la justice infaillible n'est déposée dans aucune loi, et que, fussent-elles sans défaut, les défauts des hommes sauraient souvent en corrompre l'usage, la société ne se paie aujourd'hui ni des besoins personnels du pouvoir, ni même de la légalité des procès. Elle veut que les besoins soient fondés en raison et les arrêts en équité. Qu'elle l'obtienne ou non, elle le demande toujours, car elle sait qu'on le lui doit, et quand on le lui refuse elle s'en souvient. Aussi plus d'une condamnation politique légalement prononcée n'a-t-elle pas mieux réussi de nos jours à convaincre les peuples de sa nécessité ou de sa justice, que ne faisaient autrefois les plus arbitraires exécutions. Que le pouvoir ne s'abuse pas sur cette nouvelle exigence du public ; elle est forte et irrévocable, elle tient à tous les progrès, à tous les besoins moraux de la civilisation et de l'esprit humain. Qu'il ne se flatte pas d'y échapper en se réfugiant derrière les lois ; il a longtemps repoussé leur joug, maintenant il s'en voudrait faire un bouclier ; battu en rase campagne, il essaie d'envahir les citadelles dressées contre lui et s'y prétend inviolable. On le poursuivra dans cet asile, on lui prouvera que le mensonge et l'iniquité ont su plus d'une fois le profaner. Il dira que la peine de mort était légale, on demandera encore si elle était juste et nécessaire. L'est-elle en effet en matière politique ? Et si elle peut l'être, dans quels cas ? à quelles conditions ? Il faut descendre dans ces questions, car la pensée publique y descend elle-même et veut qu'on lui réponde. Un gouvernement qui n'en tiendrait compte et dirait comme Pilate : « Je me lave les mains du sang de cet homme, c'est à vos lois d'y penser », ce gouvernement apprendrait bientôt qu'on n'élude rien, que tout se retrouve, et qu'aucun mensonge, aucune loi ne peut sauver des périls où il tombe, le pouvoir à la fois égoïste et hypocrite qui, se séparant de la société et de la vérité, se fait une justice qui n'est point la vraie justice, une nécessité qui n'est point la nécessité du pays.

## 6

# DE LA JUSTICE.

Ai-je besoin de dire que s'il n'y avait une justice antérieure et supérieure à la justice légale, il n'y aurait point de justice légale ? Montesquieu a fait de cette vérité première la première idée de son livre : « Dire qu'il n'y a rien de juste ou d'injuste que ce qu'ordonnent ou défendent les lois positives, c'est dire qu'avant qu'on n'eût tracé de cercle, tous les rayons n'étaient pas égaux. »

Il serait bizarre que la justice légale n'existant qu'en vertu de la justice naturelle, celle-ci cessât d'être dès qu'on aurait écrit l'autre.

Elle ne cesse point d'être ni même de parler ; elle a, en principe, ses conditions générales, et dans chaque occasion ses volontés particulières, que la justice légale est tenue d'accomplir sous peine de mensonge, d'usurpation et aussi de péril.

Je dirai tout à l'heure quelle part doit être faite en ceci à l'infirmité des choses humaines ; mais il faut chercher ce qu'est la vraie justice, avant de se résoudre à ne pas obtenir tout ce qu'elle veut.

Moralement parlant, il y a deux choses dans toute action, la moralité de l'acte en lui-même et la moralité de l'agent.

La moralité de l'acte dépend de sa conformité avec les lois éternelles de la vérité, de la raison, de la morale, que l'homme ne connaît jamais pleinement, mais qu'il aspire à connaître, et qui, selon le degré de la science qu'il en a, déterminent son jugement sur le mérite ou le démérite des actions humaines.

La moralité de l'agent réside dans l'intention, c'est-à-dire dans l'idée qu'il a conçue lui-même de la moralité de l'action et dans la pureté des motifs qui l'ont porté à l'accomplir.

Que ces choses soient distinctes, la conduite journalière et le langage commun des hommes le prouvent. Dire : Il a mal fait, mais il a cru bien faire, c'est dire que l'action peut être absolument coupable et l'agent personnellement innocent.

La justice divine ne considérera-t-elle que l'intention ? Punira-t-elle l'erreur ? Je n'ose prononcer. Bien souvent l'erreur a pour cause la légèreté, la passion, les préoccupations de l'intérêt personnel ou de l'orgueil, c'est-à-dire des torts. Que retranchent ces torts à l'innocence individuelle de l'erreur ? Bien rarement les hommes peuvent le démêler ; Dieu seul voit clair dans les profondeurs de la conscience. Ce qui est certain, c'est que le jugement des hommes ne peut ni absoudre l'action même par l'intention de l'agent, ni condamner l'agent sans tenir compte de l'intention. Ainsi le veut notre nature.

Hors d'état de résoudre un tel problème, la justice légale est contrainte d'agir comme s'il n'existait pas. Elle déclare certaines actions coupables et les punit sans s'inquiéter de savoir si celui qui les commettra sera ou non de son avis.

Je ne le lui reproche point, il y a nécessité ; les effets des actions mauvaises en elles-mêmes sont si funestes à la société, qu'elle n'en peut livrer la détermination à l'opinion individuelle des hommes : elle la déclare et se charge de faire observer ses lois.

Mais ici deux remarques sont à faire : l'une, que la société, incriminant ainsi absolument certains actes, est tenue d'avoir raison et de ne pas déclarer coupable ce qui en soi est innocent ; l'autre, que si les lois ne peuvent se subordonner à l'intention des individus, il n'est pas non plus en leur pouvoir d'abolir cet élément du jugement des hommes, et que lorsque, dans leur application, elles ont le malheur de frapper sur une intention évidemment pure, le sentiment naturel de la justice se sent offensé.

La justice légale court donc un double danger, celui de se tromper dans ses incriminations générales, et celui de rencontrer, dans l'application de ses règles, des faits particuliers où se trouve une circonstance dont elle n'a pas tenu compte, et qui cependant agira puissamment sur l'esprit des hommes, l'honnêteté de l'intention.

S'il est un genre d'actions où ce double écueil de la justice légale soit plus réel et plus apparent, à coup sûr ce sont les délits politiques. J'ai déjà dit que leur perversité naturelle était variable, conditionnelle même, et de plus, quand même elle existe, difficile à démêler, à apprécier justement. Qui ne sait aussi que nulle part l'erreur n'est plus facile et que les intentions les plus pures se sont ici bien souvent associées aux actes les plus immoraux ? Quelques personnes frappées de ces faits sont allées jusqu'à penser que, moralement parlant, il n'y avait point de délits politiques, que la force seule les créait, et que les bonnes ou les mauvaises chances décidaient seules d'une prétendue culpabilité. Je ne partage en aucune façon cette idée. Elle germe dans ces temps malheureux où les devoirs et les droits des citoyens s'obscurcissent et disparaissent, pour ainsi dire, sous le manteau du despotisme ou dans le nuage des révolutions, mais la lumière n'a pas cessé d'être, parce qu'une éclipse l'a cachée. La tentative de changer le gouvernement établi, n'entraînât-elle aucun crime privé, peut réunir au plus haut degré les deux caractères généraux du crime, l'immoralité de l'acte même et la perversité de l'intention. Peu importe alors que son but soit politique, elle n'en constitue pas moins un vrai crime, qui doit être puni et peut l'être très justement. L'insurrection ni les complots n'ont point le privilège de l'innocence, et si la vertu a souvent succombé dans sa résistance à la tyrannie, l'histoire ne manque pas non plus de conspirateurs criminels.

Ce qui est vrai, c'est qu'en nulle occasion la justice légale n'est plus exposée à dévier de la justice naturelle, et n'a plus de peine à la reproduire fidèlement. J'écarte, comme on voit, tout ce qui peut corrompre la justice légale elle-même ; je ne me prévaux ni des passions du pouvoir, ni de celles des juges, ni de la facilité de tordre les lois, ni des obstacles que peut rencontrer, malgré la stricte observation des formes, la défense de l'accusé. Je suppose partout l'impartialité, la liberté, et je dis, ou plutôt je vois que, même alors, par la seule nature des choses, la vraie justice est en péril. Le mérite ou le démérite moral de l'action n'a point ce degré de certitude qui s'attache aux crimes privés ; il dépend d'une infinité de circonstances que la prévoyance des lois ne saurait atteindre. La considération de l'intention a plus d'empire ici que partout ailleurs ; car le doute est plus facile, les motifs moins directement personnels, les causes d'illusions plus pressantes, les passions même peuvent être moins impures. Qui fera que ces faits, car ce sont des faits, n'agissent pas sur l'esprit du public ? Qui l'empêchera de les voir et d'en tenir compte ? Plus les juges auront de peine à y adapter les lois, plus les citoyens, qui jugent aussi, seront choqués de voir les lois indifférentes à des raisons qui influent sur leur propre jugement. L'imperfection de la justice légale éclatera dans toute son étendue ; et en fait de justice, qu'est-ce que l'imperfection, sinon l'injustice même ?

On l'a senti ; le pouvoir n'a pas tardé à comprendre qu'en se plaçant ainsi sur le terrain moral, en considérant les actions dans leurs seuls rapports avec les lois de la morale éternelle et les intentions de leurs auteurs, les lois pénales et leurs applications auraient souvent grand-peine à se défendre, à prouver leur légitimité. On a essayé, sans s'en rendre compte, de donner le change à l'instinct des hommes, d'éluder leur disposition à comparer la justice légale avec la justice naturelle, et pour y réussir on a transporté la question ailleurs. On s'est établi dans l'intérêt social, dans le maintien de l'ordre ; on a présenté les crimes comme nuisibles plutôt que comme coupables, et se détournant de la justice absolue des peines, on s'est occupé surtout de leur utilité.

J'aurais beaucoup à dire sur cette transposition de la question ; mais ce serait trop, et je me hâte vers mon but ; je ne ferai qu'indiquer l'erreur.

Il n'est pas vrai que les crimes soient punis surtout comme nuisibles, ni que dans les peines la considération dominante soit l'utilité. Essayez d'interdire et de punir comme nuisible un acte innocent dans la pensée de tous, vous verrez quelle révolte saisira soudain les esprits. Il est souvent arrivé aux hommes de croire coupables et de frapper comme telles des actions qui ne l'étaient point. Ils n'ont jamais pu supporter de voir le châtiment tomber d'une main humaine sur une action qu'ils jugeaient innocente. La Providence seule a le droit de traiter sévèrement l'innocence sans rendre compte de ses motifs. L'esprit humain s'en étonne, s'en inquiète même ; mais il peut se dire qu'il y a là un mystère dont il ne sait pas le secret, et il s'élance hors de notre monde pour en chercher l'explication. Sur la terre, et de la part des hommes, le châtiment n'a droit que sur le crime. Nul intérêt public ou particulier ne persuaderait à une société tant soit peu rassise, que là où la loi n'a rien à punir, elle peut porter les peines, uniquement pour prévenir un danger.

Le délit, le délit moral est donc la condition fondamentale du châtiment. La justice humaine l'exige impérieusement pour admettre la légitimité de la peine ; et la justice légalement lorsque, pour s'affranchir des exigences de la justice naturelle, elle s'attribue un autre principe, un autre but, et prétend les trouver dans l'utilité. Il ne lui est pas donné d'échapper ainsi aux conséquences de son nom, qui est *justice*, et de n'être plus qu'une combinaison plus ou moins habile de moyens de défense au profit de tel ou tel intérêt. On enferme le fou qui a tué ; on ne le punit point, parce que, incapable de raison et de liberté, il n'est pas capable de crime.

Que les lois pénales n'espèrent donc point se soustraire, sous le prétexte de l'intérêt social, à la nécessité de se conformer aux règles de la justice naturelle : elles auront toujours, soit dans leur généralité, soit dans leurs applications, cette comparaison à subir ; et quand le pouvoir juge et punit, il ne peut ni changer les conditions d'après lesquelles la justice morale porte elle-même ses jugements, ni s'en écarter sans faire naître dans les esprits le sentiment d'une iniquité.

Cela posé et la justice légale ainsi ramenée sous l'empire des principes de la justice naturelle, je conviendrai que l'intérêt social est aussi un des motifs qui entrent dans la détermination des délits et des châtiments. Ce n'est pas le premier, car il serait sans valeur s'il n'était précédé de la réalité morale du délit. C'est le second, car la société a droit d'interdire et de punir tout ce qui est à la fois coupable, nuisible et de nature à être réprimé par des lois. La criminalité morale, le péril social et l'efficacité pénale, ce sont les trois conditions de la justice criminelle, les trois caractères qui se doivent rencontrer dans les actions qu'elle condamne et dans les peines qu'elle inflige.

Voilà le vrai terrain où la justice légale est établie. Elle participe à notre grandeur et à notre misère. Elle est en rapport avec la nature sublime de l'homme et avec l'infirmité de sa condition. Elle ne peut pas être la justice morale pure. Elle est obligée d'en retenir le principal caractère, de ne punir que ce qui mérite moralement d'être puni. À cette condition, elle entreprend de réprimer tout ce qui peut nuire à la société ; et dans ce dessein, dont un intérêt ou, si l'on veut, une nécessité terrestre est le principe, elle rencontre une autre limite et subit une autre condition, celle de l'efficacité des moyens dont elle dispose pour prévenir les maux qu'elle redoute, c'est-à-dire l'efficacité des lois écrites et des châtiments extérieurs.

Je me transporte maintenant dans la question ainsi réduite à ses éléments véritables, et je recherche quelle est, à l'égard des crimes politiques, la vraie justice légale, notamment celle de la peine de mort.

Je remarque d'abord que, des deux caractères constitutifs de tout délit, l'immoralité de l'acte et le péril social, plus le dernier prédomine sur le premier, plus la légitimité de la peine de mort devient douteuse et son application cruelle. Il est des crimes tellement évidents, tellement odieux, que l'instinct des hommes invoque la mort des coupables comme le seul châtiment proportionné au forfait. Mais il suffit d'y regarder pour se convaincre que ces crimes ne sont pas ceux qui font courir à la société les plus grands dangers. Ce sont ceux qui outragent les sentiments naturels, les premières lois morales, et révèlent, dans le criminel, un degré de perversité ou de férocité dont notre nature déteste la vue, comme s'il lui était insupportable de découvrir à quel point peuvent atteindre sa dépravation et son déshonneur. Le péril social est une idée complexe, fruit de la réflexion et de la science, qui n'éveille point dans l'homme cette antipathie spontanée et violente. Si dans tous les délits, les deux principes de la criminalité étaient égaux et se balançaient exactement, les lois pénales n'auraient point à s'en inquiéter. Mais il n'en est rien, et les délits sont, pour ainsi dire, diversement composés : dans l'un, c'est l'immoralité qui prévaut, dans l'autre c'est le danger ; et selon que le rapport de ces deux éléments du crime varie, la peine doit varier aussi, non seulement parce que cela est juste, mais parce que le sentiment public s'y attend, et ne verra la justice dans le châtiment qu'à cette condition : or, la peine de mort étant la plus grave de toutes, et d'autant plus grave que la vie de l'homme est plus généralement respectée, elle ne correspond naturellement de nos jours qu'aux crimes où domine la perversité, et qui peut-être la feraient invoquer si elle manquait à nos lois, partout où le péril social est le principal élément du délit, elle ne se fonde plus sur notre nature morale ; elle est excessive et en droit, et dans la pensée du public.

Dans ce cas sont d'ordinaire les crimes politiques, personne ne le conteste. Ils peuvent être détestables, mais en général ils sont surtout périlleux, et c'est comme tels que les lois les punissent avec rigueur. J'examinerai si la peine de mort est une rigueur nécessaire ou même utile. C'est de justice que je m'occupe en ce moment. Or, il n'est au pouvoir d'aucune loi de faire que, dans l'opinion des hommes, la justice d'une peine ne soit évaluée principalement d'après la gravité morale du délit ; et cette mesure de la justice est d'autant plus naturelle, que la peine frappe plus rudement dans sa personne le coupable qui la subit. Une justice qui donne la mort en raison du péril social, quand la criminalité morale est faible ou douteuse, porte l'injustice dans son sein. Et s'il arrivait, ce qui arrive quelquefois en matière politique, que l'intention du prévenu fût pure ou du moins excusable, qu'en se trompant sur le caractère moral de son action, son erreur provînt d'illusions désintéressées, la peine de mort prendrait soudain les traits de l'iniquité. Elle ne serait plus un châtiment, mais le sacrifice d'une victime humaine à des dieux terrestres et mortels.

Elle avait jadis son excuse, je ne dirai pas dans la violence des passions politiques, car leur violence est et sera grande encore, mais dans leur personnalité. Les luttes politiques, comme la guerre, étaient autrefois des luttes d'homme à homme, entre des concurrents à-peu-près égaux, et le sort de la vie était lié au sort du pouvoir. La peine de mort se présentait alors comme une espèce de loi du talion, analogue à l'état non seulement des idées, mais des réalités. Le péril était prochain et personnel comme dans la bataille. Cela est si vrai que la plupart des lois des peuples barbares, si minutieuses en matière de crimes privés, si attentives à régler le talion selon la nature et la quotité des délits, ne font aucune mention de la peine de mort pour cause politique. La justice n'avait pas la prétention de s'introduire ici ; c'était de la guerre, et le péril était si visible, si pressant, que, pour se faire reconnaître, le droit du talion n'avait pas besoin de se faire écrire. Plus tard il fut écrit, soumis même à certaines formes ; mais c'était encore le talion, car les crimes politiques ne menaçaient jamais le pouvoir sans menacer d'abord la vie de l'homme, et les périls politiques étaient toujours précédés des périls personnels. Aussi tous les droits de la défense personnelle étaient-ils attribués au pouvoir. Maintenant les conditions du péril comme du pouvoir sont changées. Le roi de France n'a plus à sa porte, dans les châteaux voisins de ses châteaux, des ennemis qui l'attireront dans une embuscade, se saisiront de sa personne, l'emprisonneront, le tueront peut-être, sans espoir même de régner à sa place, mais par avidité, par vengeance, pour ressaisir un domaine, un droit qu'il leur disputait ou leur avait ravi. La plupart des complots sont vagues ; mille barrières s'élèvent entre un gouvernement et ses ennemis. Au lieu d'un péril individuel et certain, il s'agit communément d'un péril social, compliqué, qu'il faut construire avec des projets confus et des moyens d'action souvent ridicules. Comment veut-on que des crimes de ce genre appellent la peine de mort aussi clairement, aussi hautement qu'ils le faisaient jadis ? Jadis les coupables, en préparant le crime, se plaçaient, pour ainsi dire, eux-mêmes au pied de l'échafaud, le dressaient de leurs propres mains. Maintenant il faut presque toujours les y conduire de loin, l'élever laborieusement, et les y faire monter aux yeux d'un public qui n'a vu distinctement et de près ni le crime ni le danger.

Je ne crois pas que le pouvoir trouve aujourd'hui sa condition plus mauvaise ; mais si elle est meilleure, ce n'est pas à lui seul que le bien en doit revenir, la justice aussi veut en profiter. Or, contre des actes dont la criminalité est constituée de telle sorte que le péril social y tient plus de place que la perversité morale, la justice autorise très rarement l'emploi de la peine de mort.

Que sera-ce donc si nous sondons bien avant le péril même ? C'est ici le motif déterminant de la peine, l'élément fondamental de la criminalité.

Au moins faut-il que cet élément soit puissant, que ce motif ait en effet l'étendue et la réalité qu'on lui veut attribuer.

J'entrerai bientôt directement dans cette question. Je ne la touche ici qu'en passant et dans son rapport avec la justice de la peine de mort.

Qu'on y prenne garde, c'est d'un péril social qu'il s'agit. Je pense comme les lois. Quand l'ordre public est menacé, quand les formes générales du gouvernement ou les personnes qui représentent ces formes sont attaquées, c'est la société qui est en péril. Il faut qu'un gouvernement soit bien mauvais, et nul ne saurait dire d'avance à quel point il sera assez mauvais pour que la société ne doive pas préférer les plus lentes espérances de réforme aux chances terribles de la destruction. Il y a des secrets et des jours que la Providence tient sous ses voiles, elle seule peut les lever.

Cela convenu, j'insiste encore et je répète : c'est d'un péril social qu'il s'agit. Pour que la société pense que le péril justifie l'emploi de la peine de mort, il faut que ce péril soit le sien, que, dans le danger du pouvoir, elle voie son danger. Bien qu'on s'en ennuie, on ne doit point se lasser de le redire, le pouvoir n'existe que pour la société ; tous ses droits correspondent à sa mission.

Or, est-il bien sûr que la société soit réellement en péril aussi souvent que croit l'être le pouvoir ? Est-il bien sûr que ces périls dont le pouvoir s'épouvante soient en effet ceux que les lois pénales ont voulu prévenir ? Ne se pourrait-il pas qu'ils ne fussent ni aussi grands ni peut-être les mêmes que ceux qui ont paru assez graves, assez communs entre le pouvoir et la société, pour légitimer la peine de mort ?

Je n'affirme rien, car rien ici ne peut être affirmé en général et par avance ; mais je considère dans sa nature spéciale le péril, qui est le principal élément de la criminalité, et j'y reconnais un double caractère. Il n'est pas certain qu'il existe ni qu'il soit vraiment ce péril social contre lequel se dirigent les lois.

La même différence qui sépare les crimes politiques des crimes privés dans leurs rapports avec la morale les distingue encore dans leurs rapports avec l'intérêt public. Que l'assassinat et le vol soient toujours également nuisibles à la société comme toujours moralement coupables, cela n'est pas douteux et demeure vrai, quels que soient les mérites ou les torts du gouvernement. Il n'y a nulle relation entre la conduite du pouvoir et le péril que font courir à la société les crimes de ce genre. Sous la tyrannie, comme sous le régime le plus libre, ce péril subsiste dans toute son étendue, dans toute son intensité.

En matière de crimes politiques au contraire, le péril, j'entends le péril de la société, varie en raison de la conduite du pouvoir et des avantages que vaut à la société sa présence. À coup sûr il y avait en 1802, dans la chute de Bonaparte, plus de péril pour la France qu'en 1814 ; car, en 1802, Bonaparte, au-dedans comme au-dehors, servait vraiment la France, tandis qu'en 1814 il la compromettait et l'opprimait. Je ne fais nul cas d'une permanente et aveugle hostilité contre le pouvoir ; mais il n'a, à son tour, nul droit de prétendre qu'on le trouve toujours également bon, également nécessaire, et que ses dangers sont toujours également dangereux pour la société.

Voilà, dans la nature même du péril social au nom duquel on veut tuer, une première cause d'incertitude ; en voici une seconde. Dans les crimes privés, et je l'ai déjà dit, en même temps que le caractère pervers et nuisible du délit n'est pas douteux, sa réalité est aussi certaine. Un meurtre, un vol ont été commis, on en recherche l'auteur. Il est sûr que la morale a été offensée, que la société a été mise en danger, sur qui tombera la peine ? En matière politique, la réalité même du crime est, comme on l'a vu, fort souvent en question ; le péril social est donc en question aussi. Voilà des hommes accusés de complot, pour qu'ils soient condamnés, il faut prouver qu'il y a eu complot, c'est-à-dire que la société a été mise en danger ; et si le complot n'est pas prouvé, le danger ne le sera pas davantage, du moins aux yeux de la loi. Tandis qu'ailleurs la perversité, le péril et la réalité du crime sont des données positives, antérieures, le point de départ de l'accusation, ici l'accusation précède tout, elle peut être intentée sans qu'il y ait ni crime légal, ni péril social, ni acte pervers, et rien de tout cela n'est certain qu'elle ne se soit légitimée elle-même.

Je raisonne toujours, et il le faut bien, dans l'hypothèse que le péril de la société et celui du pouvoir sont un seul et même péril. C'est la seule qui soit légitime, c'est aussi l'hypothèse légale. Elle est pleinement fondée quand le pouvoir est bon ; elle l'est encore pendant bien longtemps avant qu'il soit devenu assez mauvais pour que la société doive raisonnablement désirer sa chute ; et dans l'immense intervalle qui sépare ces deux termes de sa carrière, le pouvoir a droit, cela n'est pas douteux, d'user, pour sa propre conservation, des lois instituées pour conserver dans sa personne l'ordre public. Mais si le droit ne périt que par les plus grands crimes ou les plus absurdes erreurs du pouvoir, ses fautes avant cette époque fatale ne laissent pas d'avoir une influence ; elles ont pour infaillible effet d'atténuer dans la société le sentiment des périls du pouvoir, de faire, qu'elle n'y voie plus aussi clairement le sien propre, et d'introduire ainsi dans la justice légale, surtout quand elle est sévère, une certaine mesure ou du moins une certaine apparence d'iniquité. Les gouvernements qui, s'éloignant eux-mêmes de la société, sentent la société s'éloigner d'eux, se flattent souvent de la ramener par leurs rigueurs envers leurs ennemis. Ils se trompent. La société juge leur justice d'après l'opinion qu'elle conçoit de son propre danger, non d'après celle qu'ils se forment du leur. S'ils n'invoquaient que des peines modérées, elle trouverait peut-être ces peines équitables ; car, mécontente du pouvoir, elle ne s'en propose cependant pas la destruction, et ne pense pas qu'il ait perdu tout droit à user des lois pour sa défense ; mais si le gouvernement veut se servir des lois comme si la société était avec lui en pleine harmonie, il réveille et fortifie le sentiment du désaccord ; il approfondit l'abîme qui déjà le sépare d'elle et s'ôte le temps de le combler par d'autres moyens.

Telles sont les conditions auxquelles, en matière politique, la justice légale est assujettie ; tels sont les faits au milieu desquels elle se déploie, et sans pouvoir échapper à leur empire ; elle traite avec des crimes dont la perversité morale est quelque fois équivoque, où les intentions peuvent être excusables, qui inspirent moins d'aversion qu'ils ne causent de danger ; elle est contrainte de se fonder sur le péril plutôt que sur l'immoralité, et elle veut prévenir des périls qui ne sont pas toujours égaux ni certains, qui peut-être ne menacent pas également la société et le pouvoir, qui trouvent alors la société disposée à douter de l'équité des peines, et donnent au pouvoir un air d'égoïsme et d'isolement fatal à sa force, surtout de nos jours ; et quand la justice légale est appelée à prononcer sur de tels délits, elle est en présence d'une justice naturelle qui tient compte de toutes ces idées, pèse tous ces faits, et parle d'autant plus haut, qu'elle n'espère pas de se voir en tout fidèlement obéie. Je le demande, quel est, en de telles circonstances, le caractère de la peine de mort ? Tout ce qui peut lui conférer ailleurs un certain degré de légitimité manque ici non seulement aux yeux d'une raison attentive, mais dans l'instinct spontané des hommes ; et en même temps ici se rencontre tout ce qui peut la rendre injuste, suspecte et odieuse ; elle s'adresse au péril et au crime, et n'est point assurée de frapper un péril légitime ni un vrai criminel ; pour accomplir la justice, elle court mille chances d'iniquité. Et que le pouvoir ne se dise pas que ces chances sont peu apparentes ; qu'il ne se flatte pas que le public les méconnaisse, et se montre, en fait de justice, moins exigeant que ne voudrait la vérité. Le public en a beaucoup appris sur ses droits, sur les droits de la justice véritable. Ce qu'il pourrait ignorer encore, on le lui dira, on le lui répétera jusqu'à ce qu'il le sache bien et ne l'oublie plus.

Toutes ces questions seront posées, débattues, reprises. Les hommes apprendront à y voir tout ce qu'elles contiennent, à exiger tout ce qu'ils ont droit de prétendre. La vérité, pour entrer dans leur esprit, s'aidera de leurs intérêts, de leurs sentiments, de leurs passions même ; et à mesure qu'elle gagnera du terrain, la peine de mort en matière politique, fuyant devant la justice, se verra acculée dans le dernier asile où elle puisse essayer de se défendre, la nécessité, sinon de la société, au moins du pouvoir ; il faut l'y suivre.

# 7

## DE LA NÉCESSITÉ.

Je pourrais m'en dispenser. Si la peine de mort est peu efficace, et je crois l'avoir prouvé, comment serait-elle nécessaire ? Cependant j'aborderai aussi de face la question, au risque de rencontrer en passant les voies indirectes qui m'y ont déjà conduit.

Qu'on n'oublie pas que je ne propose point l'abolition légale de la peine de mort. Si je la demandais, on serait en droit de me dire que la possibilité des peines peut être nécessaire, bien que leur application ne le soit presque jamais ; et j'aurais alors à démontrer non seulement qu'on n'a pas besoin d'user de la peine de mort, mais qu'il est absolument inutile qu'elle soit écrite dans les lois et comminatoire. Je conviens que ce sont là deux propositions distinctes et qui ne découlent pas rigoureusement l'une de l'autre ; mais je n'ai rien à démêler avec la dernière. Je ne brise point entre les mains du pouvoir l'arme de la peine de mort, je soutiens seulement qu'en général il a tort de s'en servir. J'examine donc très librement ce qu'il appelle une nécessité, car si d'ordinaire elle est fausse, il est bon de le savoir ; si elle est jamais réelle, rien n'est compromis.

J'ai fait voir que l'efficacité des peines variait selon les temps, les mœurs, les divers états de civilisation. Il en est de même de leur nécessité, non seulement parce qu'elles ne sont nécessaires qu'à condition d'être efficaces, mais par des raisons plus directes. Jadis la force publique était petite, les forces individuelles grandes et déréglées ; la rigueur des peines était chargée de suppléer à l'insuffisance des moyens du pouvoir. Les plus sages rois de nos vieux siècles ont porté contre les moindres rixes, les moindres excès, des lois épouvantables. Avaient-ils tort ? Je ne le crois pas. L'ordre matériel n'était nulle part, rencontrait partout des ennemis capables de le détruire et toujours près de le tenter. Le pouvoir central, sans administration, sans police, dénué même des premiers droits de la souveraineté, et réduit aux ressources personnelles du souverain, ne défendait la société, ne se défendait lui-même qu'en opposant sans cesse la force physique à la force physique ; et bien souvent la dureté des lois, le nombre des supplices ne prouvaient, de sa part, que de la sagesse et le désir de protéger le public. Aussi les chroniques de ces temps louent-elles surtout comme justes et populaires les princes qui ont beaucoup et rudement puni. Ils étaient, comme les premiers héros de la Grèce, occupés à purger la société de brigands ou de monstres.

Se figure-t-on ce que penserait aujourd'hui la société d'un pouvoir qui, pour maintenir l'ordre, aurait recours à de tels moyens ? Elle le jugerait odieux et insensé : c'est que les moyens de l'ordre ont changé avec la constitution sociale. D'une part, l'ordre se maintient, pour ainsi dire, de lui-même, par la régularité générale des mœurs, l'universalité du travail, et l'intelligence si répandue des vrais intérêts sociaux ; d'autre part, la société s'est concentrée : la force publique est immense, les forces individuelles petites et peu agressives. Toutes les ressources matérielles, toutes les influences morales se déposent d'elles-mêmes aux mains du pouvoir ; il dispose des richesses du pays, de ses magistrats, de ses soldats : nul n'est si obscur qu'il ne le puisse surveiller ; nul n'est si grand qu'il le puisse craindre. Il est partout, et partout en mesure de prévenir le crime ou le péril. Quel est le grand mérite de ce nouvel état ? Le maintien de l'ordre, avec peu de sang versé. Aussi quand le désordre a été profond et général, ce n'est plus l'effusion de sang qui le peut faire cesser : c'est par la bonne administration, non par les supplices, que Bonaparte rétablit l'ordre en France. Cinq cents ans plus tôt, et après des crises bien moins graves que la révolution, on bordait les routes de potences, et souvent sans succès.

Ce qui est vrai des nécessités de l'ordre social est vrai aussi, plus vrai même des nécessités de l'ordre politique. Le pouvoir, pour se défendre de ses ennemis, a maintenant beaucoup moins de sang à verser que la société pour se préserver des voleurs.

Je prie qu'on veuille bien regarder de près au caractère si divers des anciens périls et des périls actuels du pouvoir. D'où provenaient jadis les dangers d'un souverain, d'un ministre même ? De ses rivaux, de ses concurrents. La maison d'York dispute la couronne à la maison de Lancaster, que l'une des deux parvienne à exterminer l'autre, elle régnera en sûreté.

Charles VII, a Giac pour favori, le connétable de Richemond enlève le favori, le fait juger sommairement, le tue, et revient exercer auprès du roi un empire qu'il s'est assuré par l'assassinat. Le cardinal de Richelieu lutte contre des périls du même genre, et s'en défend par des moyens analogues. Ce qui menace les hommes en possession du pouvoir, ce sont des hommes qui le veulent. Les questions politiques se posent presque toujours entre des individus ; la mort a prise sur les uns et sur les autres ; on peut l'appeler une nécessité.

Où sont maintenant ces inimitiés, ces ambitions personnelles qui se disputeraient ainsi le pouvoir ? Qui se flatte de le saisir ou de le garder en se débarrassant d'un ennemi ? Personne. Je ne parle pas de ministres : les factions sont folles ; cependant nulle ne l'est assez pour penser qu'elle portât ses chefs au ministère en tuant ceux de la faction qu'elle combat. Je regarde aux souverains. Plus d'un en Europe se croit menacé, est-ce par quelque rival, quelque prétendant ? Les révolutions d'Espagne, de Portugal, de Naples, de Piémont, ont-elles été le fruit de quelque litige pour le trône, l'œuvre de quelque ambitieux qui aspirât à y monter ?

Évidemment, il n'en est rien. Les périls politiques ont changé de nature. La lutte n'est plus entre des hommes, elle est entre des systèmes de gouvernement. La destinée des ministères, des dynasties même, n'est point subordonnée au sort personnel de leurs adversaires, mais à celui du système qu'elles adoptent ou représentent. Jadis les sociétés humaines étaient possédées, le combat se livrait entre leurs possesseurs ; maintenant elles sont vraiment affranchies, car c'est d'elles seules, ou des grands partis qui les divisent, que le pouvoir peut tirer, je ne dis pas seulement sa force, mais ses prétentions. De là aussi seulement peuvent lui venir ses dangers. Il ne s'agit plus de savoir qui gouvernera, mais comment on gouvernera. Les individus ne sont plus, je le répète, que les instruments et les interprètes d'intérêts généraux qui ne manqueraient, en aucun cas, d'interprètes ni d'instruments.

Contre de tels périls ou entre de tels adversaires, n'est-il pas clair que la mort n'est plus une puissance ni une nécessité ?

Elle a cependant un effet, et le voici. En même temps qu'elle ne détruit pas ce que voudrait détruire le pouvoir, elle alarme ce qu'il ne veut pas alarmer. Elle frappe à la fois et beaucoup moins fort, et beaucoup plus loin qu'on ne lui demandait. L'homme qu'elle atteint n'est rien par lui-même ;

il n'était redouté, il n'a été atteint qu'à raison de ses rapports avec certains intérêts, certains sentiments généraux où réside vraiment le péril. On a voulu dissiper le péril, on n'a brisé que l'homme seul ; et cependant le coup s'est fait sentir dans toute la sphère des intérêts dont il était l'organe. Ces intérêts ne meurent point de sa mort, n'en sont pas même sensiblement affaiblis ; mais ils prennent pour leur compte l'intention qui l'a tué ; ils se disent qu'on les tuerait aussi si on pouvait, et ils savent qu'on ne le peut point. Et cette persuasion se répand non seulement dans les intérêts qui correspondent exactement à la conduite et au langage de l'homme frappé, mais aussi dans ceux qui s'y rattachent par des relations plus éloignées, qui s'en séparaient peut-être assez souvent durant sa vie, qui se jugeront menacés et compromis par sa mort. Ainsi le pouvoir, pour s'être mépris sur la nature de ses ennemis et de ses dangers, s'est fait un mal immense sans se procurer le bien qu'il cherchait. Il s'est doublement abusé sur l'importance d'un homme ; il l'a jugée et plus grande et plus petite qu'elle n'était réellement. Il a oublié qu'en cessant d'être des puissances, les individus sont devenus des symboles, et qu'on ne peut ni abolir dans leur personne ce qu'ils représentent, ni toucher à leur personne sans que leur sort retentisse dans le vaste ensemble auquel ils sont liés.

En ceci encore, l'emploi de la peine de mort est donc un périlleux anachronisme. Elle s'adresse à d'autres temps, à d'autres forces, à d'autres dangers. Elle ne tient point ce qu'elle promet et produit ce qu'on n'en voulait point. Elle inquiète ou irrite des masses pour épargner au pouvoir l'inquiétude ou l'irritation que lui cause la présence ou la voix d'un homme.

Contre ces masses mêmes serait-elle plus nécessaire ? Ce serait fâcheux, car il est bien plus difficile de l'y porter, et j'ai fait voir combien son efficacité morale y est douteuse, son efficacité matérielle impossible. Cependant si la nécessité dont on parle a quelque réalité, c'est là qu'elle est placée, car le péril est là comme la question. La possession du pouvoir n'est plus l'objet de ces luttes privées, jadis soutenues par des moyens sanglants ; mais le système et la conduite du pouvoir sont, il est vrai, entre la société et lui-même le sujet d'un grand débat où le pouvoir a besoin de se défendre, car il est vivement attaqué.

Pourquoi l'est-il, ou plutôt dans quelle intention ? C'est avant tout ce qu'il faut savoir. Les rivaux qui jadis se disputaient l'empire ne pouvaient le posséder ensemble, c'est pourquoi ils avaient besoin de se tuer. Est-ce un combat de même nature qui se livre maintenant entre le pouvoir et la société, ou les grandes portions de la société qu'il considère comme ennemies ? Y a-t-il là cette incompatibilité radicale, cette impossibilité de coexister qui a lieu nécessairement entre deux individus lorsqu'ils prétendent l'un et l'autre à la même place, au même bien ?

Au fond, cela n'est point et même ne saurait être. Ce que demandent ici au pouvoir ses adversaires, ce n'est pas la place qu'il occupe, c'est la conduite qui leur convient. Des intérêts généraux ne gouverneront jamais en personne, ils veulent être gouvernés dans leur sens et selon leur vœu. Or ce vœu, moralement parlant, le gouvernement établi peut toujours l'accomplir. S'il ne le veut pas ou ne le sait pas, je conviens que l'incompatibilité peut naître ; mais elle n'était pas dans les choses mêmes : c'est le pouvoir qui l'a créée ; et s'il en découle pour lui de fâcheuses nécessités, c'est à lui seul qu'il doit s'en prendre, car il ne les eût pas rencontrées s'il eût pris un autre chemin.

Une fois engagé dans la route où il les trouve sur ses pas, peut-il retourner en arrière ? Ou s'il persiste et avance en employant les moyens que ces nécessités lui commandent, réussira-t-il dans son dessein ? J'affirme hardiment qu'il échouera. De nos jours, tout pouvoir qui, par ses fautes, mettrait ses propres nécessités aux prises avec les nécessités sociales, serait un pouvoir perdu. Le plus terrible emploi de la peine de mort ne le sauverait point, il ne tuerait jamais assez. Nous avons vu des situations de ce genre. Bonaparte s'était imposé la nécessité indéfinie de la guerre, comme la Convention la nécessité indéfinie de la mort : la Convention a beaucoup tué, Bonaparte a beaucoup vaincu ; le jour est venu où l'échafaud et la victoire ont refusé de servir leurs anciens maîtres. Les nécessités sociales, quelque temps comprimées, ont repris leur empire ; et le pouvoir qui les avait méconnues s'est vu hors d'état de soutenir les nécessités factices qu'il avait mises à la place de la vérité.

Si donc vous me parlez, quant à la peine de mort, d'une nécessité naturelle, je la nie. Si vous m'alléguez une nécessité de votre façon, je n'en conviens que pour montrer qu'il ne tient pas à vous d'y suffire, et que vous ne gagnerez rien à le tenter. Je ne suppose pas qu'il se rencontre jamais un pouvoir qui ne s'inquiète point du succès définitif et n'aspire qu'à retarder sa perte. En fait, cela n'est point ; car si, au bout des voies qu'il suit, un gouvernement démêlait sa perte assurée, il en sortirait aussitôt : ce qu'il s'en promet, c'est vraiment le salut. Que s'il était assez égoïste ou assez léger pour ne se soucier que du présent, je lui conseillerais encore de prendre garde. Il a pu jadis se livrer à cette indifférence et compter sur un long ajournement ; maintenant tout va vite, d'autant plus vite que la société semble plus calme et ne trahit guère d'avance, par ses agitations, la force immense qu'elle pourrait déployer un jour. Les approches de la révolution n'échappaient point à l'inerte prévoyance de Louis XV. Si de nouvelles révolutions étaient jamais encore plus prochaines, peut-être se feraient-elles moins sentir sous les pas du pouvoir. Il aurait donc tort de se contenter du provisoire, car le provisoire même serait court et peu sûr.

Qu'on examine en tous sens les nécessités du pouvoir, qu'on interroge tous ses périls, d'aucun côté ne viendra cette réponse que la peine de mort est invoquée par la nécessité, ou peut y suffire, ou dissipe le péril. Je l'ai considérée dans toutes ses prétentions, dans tous ses effets : je l'ai trouvée presque toujours sans motifs légitimes ; sans vertu quand elle a des motifs, sinon légitimes, du moins réels ; rarement efficace et plus rarement juste. Que lui reste-t-il donc si ce n'est d'avoir servi jadis ? Les révolutions l'emploient, dit-on, l'emploieront même encore avec fruit. Je le crois bien. Les révolutions ne sont pas destinées à durer. Les gouvernements se croient-ils de même nature ou veulent-ils être de même condition ? Erreur prodigieuse ! Les révolutions déploient tant de force et atteignent de tels résultats, que les gouvernements voudraient bien les imiter. Ils oublient seulement ceci, qu'ils sont appelés à fonder, à vivre du moins, et les révolutions à détruire et à mourir en détruisant. Du reste, je m'étonne à tort de la méprise. C'est de nos jours, et pour la première fois peut-être, que cette différence apparaît dans toute sa clarté. Jusqu'au milieu du dix-septième siècle, les révolutions ont été l'état sinon permanent, du moins habituel des sociétés européennes. Livrées à la force, et à des forces rivales, et à des rivalités qui étaient des guerres, ces sociétés ne connaissaient ni les conditions ni les moyens d'un ordre de choses stable et régulier. La même ignorance possédait, à cet égard, les gouvernements, les partis et les peuples. Les uns et les autres, dans leurs fortunes alternatives, employaient les mêmes armes, tombaient dans les mêmes pratiques, produisant toujours les mêmes effets. Maintenant les sociétés ont plus d'ambition. Elles demandent à leurs gouvernements tout autre chose que des vicissitudes de noms propres dans le désordre ou la tyrannie. Elles savent ce qui leur est dû, et aussi que cela se peut. Quand le monde physique fut sorti du chaos, la nature eut encore ses crises ; mais elle eut aussi sa régularité, son repos et les lois qui les devaient assurer. Plus lent à se débrouiller et à se régler, le monde social, le monde de l'homme en est venu à comprendre la profonde diversité de l'état de paix et de l'état de guerre, de l'ordre et du désordre, des crises révolutionnaires et des gouvernements réguliers. Les forces diffèrent comme les idées, les moyens comme le but. La peine de mort sert, j'en conviens, la politique des révolutions ; mais c'est la seule qu'elle puisse servir. Un gouvernement régulier qui s'en ferait une nécessité, qui l'invoquerait pour fonder son repos et sa durée, serait dans les voies révolutionnaires. S'il n'y entre qu'à moitié, ce qui a fait la force des révolutions fera sa faiblesse. S'il s'y jetait pleinement, en changeant de caractère il changerait aussi de destinée, et se vouerait à périr comme périssent les révolutions après tous leurs triomphes. En politique, la peine de mort ne peut être aujourd'hui qu'une rapide succession d'offrandes sanglantes à des divinités insatiables, ou un sacrifice inutile à des idoles sans pouvoir.

Je le répète, le pouvoir lui-même en a le sentiment ; sa confiance dans ce moyen est un préjugé plutôt qu'une croyance, et comme tous les préjugés elle s'inquiète et chancèle devant l'application. Il persiste cependant : il faut en dire la vraie cause ; il faut écarter tous les prétextes, tous les mensonges, et rendre la peine de mort à son véritable dieu. Ce n'est point la justice, ce n'est point la nécessité, c'est la peur ; non cette peur légitime et sage qui regarde le péril en face et prend les moyens de dissiper, mais cette peur aveugle qui veut se délivrer d'elle-même bien plus que du péril, et qui, sans intention raisonnable, sans dessein réfléchi, adopte au hasard tout ce qui lui offre quelque espoir de soulagement. La prudence veut le salut, la peur ne cherche qu'à repousser l'aspect du danger. On retrouvera le danger demain, plus grand peut-être. N'importe, on aura secoué un moment une situation pleine d'anxiété, on se sera persuadé un moment qu'on n'avait plus peur. Cette intraitable passion ne change jamais de nature ; ce qu'elle est dans les obscurs incidents de la vie privée, elle l'est encore au sein des grandeurs ; partout plus occupée de son tourment que du péril qui le cause ; partout accueillant les plus vaines, les plus déraisonnables pratiques, si elles lui promettent, contre ses propres angoisses, quelque asile et un peu de répit. Et quand aux peurs du pouvoir viennent se joindre des peurs de faction, quand cet aveugle sentiment, pénétrant la masse d'un parti, devient une passion collective et pousse les uns par les autres des individus qui se flattent d'échapper à toute responsabilité personnelle, alors toute raison cesse, tout calcul, toute prévoyance disparaît ; il ne s'agit plus de nécessité, d'utilité, de justice. La peur devient à elle-même sa propre nécessité, une de ces nécessités fatales dont l'empire redouble à mesure qu'elles s'éloignent du succès, et que les hommes accomplissent machinalement et passionnément tout ensemble, sans être en état de les juger. C'est l'exemple terrible que nous ont donné la Convention et les jacobins.

Eh bien ! la peur elle-même se trompe, et ce nouvel et dernier avocat de la peine de mort se voit à chaque instant déjoué dans les espérances qui l'attachent à cette cause. Tel est l'empire des faits, même méconnus et violés, que, de nos jours, les rigueurs politiques ne dissipent pas plus les craintes que les périls ; leur inutilité poursuit la peur dans son plus profond aveuglement, et la condamne à leur survivre ; elles ne procurent soit au pouvoir, soit aux factions épouvantées qui les invoquent, qu'un soulagement momentané, source d'anxiétés toujours plus vives. Que les partis surtout y prennent garde, leur condition n'est pas moins changée que celle des gouvernements. Jadis beaucoup d'individus demeuraient importants et forts après la défaite de leur parti ; ils conservaient, dans leur propre force, des garanties contre les réactions de leurs adversaires, et traitaient encore, chacun pour son compte, à de bonnes conditions. Maintenant que sont des ministres quand le pouvoir leur a échappé ? Que deviennent les hommes les plus considérables d'un parti quand le parti est vaincu ? Ils vont se perdre dans la masse de ces citoyens que les lois publiques et la vraie justice seules protègent ; ils ne peuvent plus rien pour eux-mêmes, et n'ont plus pour défenseurs que ces principes qui repoussent toute rigueur inutile, toute nécessité prétendue, et qui, en matière de peines, interdisent au pouvoir tout ce dont la société peut se passer. Maintenant plus que jamais il est donc dans l'intérêt de tous, des partis comme du pouvoir, des individus comme des partis, que ces principes soient reconnus et s'introduisent dans la pratique du gouvernement. Je vais essayer d'en indiquer les moyens.

8
---

# MOYENS.

Y en a-t-il qui n'exigent pas l'abolition légale de la peine de mort en matière politique ? Je le pense, et en ne provoquant pas la réforme des lois, j'ai contracté l'obligation de le prouver. J'aurais pu, comme on l'a fait souvent, m'élever contre les rigueurs de notre Code pénal ; j'aurais pu dire surtout que, rédigé à l'issue d'une crise violente, il devait porter l'empreinte de nécessités passagères, réelles peut-être et légitimes à cette époque, aujourd'hui fausses et tyranniques. Les révolutions ont en commun avec la barbarie ce déplorable effet, qu'elles lèguent à de longues générations les lois terribles qu'il a fallu rendre pour mettre un terme à leurs fureurs. Presque partout en Europe, le dix-neuvième siècle porte la peine des désordres du quinzième. La France révolutionnaire pèse encore pareillement sur la France constitutionnelle, et la Charte sera longtemps à s'affranchir de l'héritage de l'empire. Mais je ne m'arrêterai pas sur ce terrain ; le pouvoir ne s'y laisse pas forcer aisément et n'a pas toujours tort de s'y retrancher. Trop souvent on l'y attaque par des déclamations vagues, avec des espérances inconsidérées ; et les déclamations sont si décriées de nos jours qu'elles décrient même la vérité. Que ses amis contiennent jusqu'à leurs plus saintes colères. Notre époque a la prétention du bon sens ; elle s'abuse quelquefois étrangement sur ce qu'elle honore de ce nom ; elle le dégrade et se dégrade elle-même en l'accordant aux plus aveugles pratiques ou à une périlleuse inertie ; mais alors même son erreur veut être ménagée, et pour mon compte, je sollicite du pouvoir, non qu'il nous donne toutes les bonnes lois qui se pourraient faire, mais seulement que, dans les limites de ses attributions, il use des lois actuelles selon notre intérêt et le sien.

Il le peut, il le fait même quelquefois. Je lui montrerais aisément dans le Bulletin des lois bien des textes non abolis qu'il n'invoque point, que, dans sa propre pensée, il ne pourrait invoquer sans honte ni sans danger. Les Statuts de la Grande-Bretagne sont pleins de dispositions pénales tombées en désuétude. Quand on réclame leur révocation formelle les amis du pouvoir se récrient ; mais ils se récrieraient aussi si on les appliquait, et ils consentent à ce que, par des voies indirectes, on élude leur empire.

Je ne demande point qu'on aille si loin, ni qu'on oublie ou qu'on viole indirectement des lois récentes et positives ; la latitude dont jouissent les juges de l'Angleterre n'appartient point d'ailleurs à nos tribunaux : aussi n'est-ce point aux tribunaux que je m'adresse. Qu'ils appliquent les lois quand ils ont à prononcer sur ce qu'elles ont réglé, c'est leur droit et même leur devoir. Mais le gouvernement se meut dans une sphère plus large et plus libre ; il exerce une grande influence sur les procès politiques, avant qu'ils n'arrivent devant les tribunaux et après qu'ils en sont sortis. À cette influence appartiennent les moyens que je cherche, elle peut et doit s'en servir.

La poursuite et la qualification des crimes politiques d'une part, le droit de grâce de l'autre, voilà par où le gouvernement peut, sans changer ni violer les lois, resserrer le domaine légal de la peine de mort, en rendre l'application plus rare, et mettre ainsi sa conduite en harmonie avec la vraie justice, les vraies nécessités sociales, la vraie prudence et son devoir. Ce n'est pas pour en user sans raison que la politique conserve en ceci une certaine mesure de liberté ; et quand l'arbitraire garde une place dans les attributions du pouvoir, c'est une place vide que la justice et le bien public ont toujours seuls le droit de remplir.

# 9

# DE LA POURSUITE ET DE LA QUALIFICATION DES CRIMES POLITIQUES.

Je sais quels préjugés s'apprêtent d'avance à me repousser, je sais ce qu'ils diront. Ils prétendent qu'en fait de justice criminelle tout est prévu, tout est rigoureux ; que l'administration ne conserve pas plus de latitude que les juges, et que, dans la poursuite des crimes, elle ne fait qu'exécuter des lois positives qui commandent et règlent ses actes comme les jugements des tribunaux. À les en croire, l'autorité ne sait rien du crime, n'a rien à y voir avant le moment où elle s'en saisit pour le poursuivre ; et dès lors il n'y a plus d'arbitraire, plus de liberté, l'autorité est tenue de poursuivre, car nul crime ne doit rester impuni ; tenue de qualifier l'acte comme le qualifient les lois, car il doit recevoir le châtiment spécial que les lois ont voulu lui infliger.

Étrange inconséquence ! les hommes qui soutiennent ceci sont les mêmes qui prêchent le respect des faits, le mépris des théories, et ils torturent ici les faits les plus évidents pour les adapter à la théorie la plus factice, la plus absolue qui se puisse concevoir.

Je me renferme dans les crimes politiques, ce sont les seuls dont j'aie à m'occuper.

Il n'est pas vrai que l'autorité n'ait aucune idée de ces crimes, et ne possède, pour les réprimer, aucun moyen avant le moment où ils sont complets aux yeux de la loi. Il n'est pas vrai que, même alors, elle ne conserve, pour intenter ou non des poursuites juridiques, aucune liberté, ni qu'en intentant les poursuites elle soit astreinte, par les textes légaux, à une seule et précise qualification.

La plupart des crimes politiques sont des complots, les nombreuses accusations maintenant entamées le prouvent. Or, qu'est-ce que le complot ? Une tentative de crime, souvent même un simple projet de tentative. La loi voit le crime dans le projet, car elle n'exige que la résolution d'agir, prise et arrêtée de concert, et n'a pas même besoin du plus léger commencement d'exécution. Pour arrêter un projet dont l'exécution n'a nullement commencé, qui n'existe encore que dans la pensée commune de ses auteurs, apparemment l'autorité doit le connaître ; il faut même qu'elle ait suivi d'assez loin cette pensée dans le cours de sa formation, pour la saisir au moment où elle est parfaite et achevée dans l'ordre moral, sans avoir fait, dans l'ordre matériel, le moindre pas. Communément l'autorité n'est donc pas surprise ici, comme en matière de crimes privés, par un délit imprévu, ignoré, qui ne se révèle que par sa consommation, et dont il ne reste qu'à rechercher l'auteur. Elle assiste au contraire à la naissance du crime, elle le voit du moins au berceau. Que ne l'y étouffe-t-elle ? Qui l'empêche ? Qui l'oblige de le laisser grandir pour avoir ensuite à le poursuivre ? Cette prudence ne serait pas inouïe, tous les gouvernements sages l'ont employée ; ils ont mieux aimé déjouer les complots que de les punir ; et souvent c'est bien près de l'exécution qu'en se montrant avertis et sur leurs gardes, ils ont dissipé le péril et prévenu la nécessité du châtiment : Henri IV, Cromwell et Bonaparte même en ont donné plus d'un exemple. Le pouvoir inhabile et les gouvernements de faction ont seuls besoin d'attendre qu'ils se puissent armer de toute la rigueur des lois ; seuls ils s'appliquent à laisser mûrir sous leurs yeux le crime pour avoir droit de le frapper. Aux uns la peur, aux autres les passions de parti imposent cette conduite périlleuse et coupable : elle est de nos jours plus inutile que jamais. Deux instruments presque inconnus jadis, et maintenant aux mains du pouvoir, le dispensent d'y recourir : ce sont la police et la publicité. Par la police, il entre de bonne heure dans le secret des complots ; par la publicité, les complots se dénoncent et se déjouent d'eux-mêmes. Jadis l'autorité avait beaucoup moins de moyens de savoir d'avance, était aussi beaucoup moins avertie ; aujourd'hui, outre la police de l'espionnage, elle en a une bien plus efficace, c'est celle de l'ordre, qui, partout établi, met pour ainsi dire la société à découvert, et enlève d'avance aux conspirateurs les ressources, les repaires que le désordre général leur offrait. La vertu de la publicité est plus grande encore, les gouvernements s'en lamentent fort ; aveugles ! qui ne voient pas qu'elle est à leur profit comme au nôtre ; si elle les expose aux regards du public, elle expose aussi le public à leurs regards. Les conspirateurs ne peuvent plus, comme autrefois, vivre dans les cours, à côté des souverains, méditer leurs projets à la faveur de l'obscurité et du silence universels. L'hypocrisie est usée pour les ennemis du pouvoir comme pour le pouvoir lui-même. Les hommes se classent en se montrant : chacun prend la place où l'appellent ses sentiments et ses désirs ; la trahison tombe devant la lumière ; toutes les pensées, toutes les intentions se dévoilent ; et cela est si vrai que les complots, jadis l'apanage des hommes puissants et apparents sur la scène politique, semblent maintenant réservés aux hommes faibles et obscurs. Les premiers voudraient conspirer qu'ils ne le pourraient pas, du moins avec succès ; le jour les entoure ; toutes leurs paroles, toutes leurs démarches attirent l'attention et lui sont accessibles ; quelles que soient leur réserve et leur habileté, ils ne parviendront point à ne rien dire, à ne rien faire qui décèle leurs desseins, car la publicité est aussi la condition de leur importance : s'ils se taisaient, s'ils cachaient leur vie, ils cesseraient d'être ce qu'ils sont dans leur parti ; et comment conspirer sans se cacher ni se taire ? Tout, en quelque sorte, livre donc d'avance les complots au pouvoir ; contre ceux des classes élevées, il a la publicité ; contre ceux des classes inférieures, la police : là où ils seraient puissants, ils sont très difficiles à former ; là où ils se peuvent ourdir dans l'ombre, ils sont faibles ; et partout l'autorité, avertie à temps, a mille moyens de les déjouer avant qu'ils n'arrivent aux moindres chances de succès.

De quel droit viendrait-elle donc nous dire qu'elle n'a pour s'en défendre que la rigueur des lois, et qu'elle est obligée de laisser marcher vers l'échafaud des conspirateurs qu'elle suit de l'œil sur la route, à qui elle peut si aisément fermer les chemins ? Penserait-elle que les supplices seuls détourneront des complots ses ennemis ? Elle s'abuserait encore : la perspective du mauvais succès agit bien plus puissamment pour prévenir le crime que celle du châtiment. Pourquoi tant d'hommes, dans l'espoir de la fortune ou de la gloire, affrontent-ils si aisément la mort que peut lancer sur eux le canon de la guerre ? C'est qu'ils se flattent que le canon ne les atteindra point, que ses coups ne seront pas pour eux. La même confiance fait en grande partie le courage des conspirateurs ; ils savent fort bien que les lois aussi lancent la mort, mais ils espèrent échapper au canon des lois ; ils ne seront pas vus, voilà l'idée qui les accompagne et les soutient dans leurs entreprises. Que cette idée soit démentie par les faits, qu'ils voient les complots pénétrés, déjoués ; voilà l'exemple vraiment décourageant, voilà la crainte efficace, bien plus efficace que celle de la peine de mort, qu'on évitera si on n'est pas découvert. Je n'hésite point à le dire : un complot déjoué par la vigilance du gouvernement, ne fût-il pas même puni, a plus d'effet pour intimider la malveillance que les châtiments les plus sévères infligés à des conspirateurs qui n'ont échoué que par leur faute, au moment de l'exécution.

Maintenant qui fera à l'autorité un devoir légal de laisser venir le crime à bien, et d'attendre, pour s'en préserver, qu'elle puisse le poursuivre devant des juges qui pourront le condamner ? Qui dira qu'elle abuse de sa liberté quand elle arrête, dans leur marche l'un vers l'autre, le crime et la peine ? Qui ne pensera au contraire que c'est là son devoir, un devoir rigoureux, d'autant plus rigoureux qu'elle a plus de moyens de le remplir et moins d'intérêt à le violer ?

Mais les partisans des condamnations ont un refuge ; ils disent que l'autorité centrale, l'administration supérieure, ne décide point des poursuites, qu'il ne lui appartient pas d'en décider ; que les procureurs généraux, les procureurs du roi, les juges d'instruction, ont le devoir comme le droit de les entamer de leur propre mouvement, en matière politique comme ailleurs ; et de là ils concluent qu'on ne peut exiger du ministère ce qui ne dépend pas de lui, ce qui est du ressort de magistrats nombreux et indépendants.

Qu'on me permette de le dire, j'ai un profond dégoût de ces arguments hypocrites, qui connaissent leur propre nullité et mentent sans espoir de tromper. À mon avis, celui-ci est du nombre ; cependant il faut en tenir compte, car on s'en sert.

En fait, je ne crains pas de dire que, de nos jours et sauf deux cas à ma connaissance, nulles poursuites à raison de purs crimes politiques, tels que complots ou délits de la presse, n'ont eu lieu que de l'aveu et par l'autorisation du ministère. J'ai vu d'assez près la haute administration pour savoir comment ces choses se passent, et je ne crois pas qu'aucun procureur du roi se permît d'engager le gouvernement dans de semblables procès, contre son gré ou seulement à son insu.

En aurait-il le droit, et les ministres pourraient-ils le souffrir ? En principe, l'action du ministère public en matière de crimes politiques est-elle spontanée et indépendante ? La question devient grande, et, bien que forcé de l'entrevoir seulement, je ne veux pas l'éluder.

Sous un régime constitutionnel, il n'y a que deux sortes de magistratures, des magistratures responsables et des magistratures indépendantes, partout où se rencontre le pouvoir, la justice et la liberté exigent absolument de lui l'une ou l'autre de ces garanties.

On a coutume de croire que l'indépendance résulte soit de l'élection populaire, soit de l'inamovibilité. Je ne dis pas que l'une de ces deux conditions n'y soit pas nécessaire, mais je ne pense pas qu'elles y suffisent toujours. L'indépendance ne se fait pas si aisément ; outre ses conditions légales, elle a des conditions morales qui ne se laissent point obtenir par un décret ni en un jour. Elle ne dépend pas moins de la consistance personnelle du magistrat, de sa position sociale et de l'idée qu'il conçoit lui-même de ses droits, que de l'origine ou de la durée de ses fonctions. On rendrait demain les préfets inamovibles, qu'ils ne seraient pas aussi indépendants que les shérifs d'Angleterre, nommés par le roi et pour un an.

Je ne dis point ceci pour nier l'indépendance de nos magistrats inamovibles, je crois même que, depuis huit ans et surtout dans les cours supérieures, elle a fait des progrès réels. La liberté ne peut commencer à poindre dans un pays que son esprit ne pénètre partout, même parmi les dépositaires du pouvoir. Cependant je ne pense pas que cette indépendance soit encore tout ce qu'elle doit être ; et surtout il importe de ne pas se laisser tromper par des mots, de ne pas voir, dans les signes extérieurs des garanties, la certitude et la réalité des garanties mêmes.

Quoi qu'il en soit, on conviendra que si l'inamovibilité peut ne pas suffire pour procurer vraiment l'indépendance du magistrat, à plus forte raison là où manque l'inamovibilité, la responsabilité doit se rencontrer.

Par malheur, la responsabilité n'est pas plus aisée à créer que l'indépendance ; elle a aussi des conditions morales plus importantes que celles qui s'écrivent dans les lois. On a voulu dire qu'elle découlait, pleine et suffisante, de l'amovibilité du magistrat. Il n'en est rien : de même que le monde a vu des magistrats fort peu indépendants bien qu'inamovibles, de même on y pourrait trouver des magistrats amovibles dont la responsabilité serait faible et illusoire. Inamovibilité n'est par elle-même une garantie efficace, un principe de responsabilité réelle, qu'au profit de l'autorité supérieure. Il est vrai que le pouvoir qui peut révoquer, à son gré, les magistrats qu'il emploie, est, par cela seul, assuré de leur responsabilité envers lui. Mais cela suffit-il ? Et quand on parle de la responsabilité qui doit suppléer l'indépendance, est-ce bien de celle-là qu'il s'agit ?

Il y a ici un piège, tendu peut-être sans dessein, mais où il ne faut pas tomber. Demande-t-on à des ministres de réaliser la responsabilité du ministère public en s'en chargeant ? Ils répondent que le ministère public est indépendant. Le ministère public veut-il agir comme s'il était indépendant ? Ils le destituent en invoquant sa responsabilité envers eux. Ainsi ils détruisent sa responsabilité en alléguant son indépendance et son indépendance au nom de sa responsabilité.

C'est que, lorsque toute la responsabilité d'une classe de magistrats réside dans leur amovibilité, le pouvoir supérieur seul en profite ; ils ne sont vraiment responsables qu'envers lui. À coup sûr ce n'est pas là la responsabilité que nous cherchons. C'est envers la société elle-même, envers la justice et l'intérêt public que cette responsabilité doit exister : sans cela, l'amovibilité n'est qu'un mensonge et un péril de plus.

Comment sortir de ce péril ? Comment réaliser la responsabilité sociale de magistrats amovibles ? Il n'y a que deux moyens : il faut que la dépendance qui résulte de l'amovibilité soit atténuée, combattue par des éléments d'indépendance qui, donnant aux magistrats une force propre, gênent le pouvoir supérieur dans l'exercice de son droit, et lui imposent l'obligation de n'en user que rarement, avec réserve, en cas d'absolue nécessité ; ou bien il faut que la dépendance soit complète et que la responsabilité de magistrats constamment, facilement amovibles, vienne se concentrer tout entière sur la haute administration, qui offre seule quelque prise à la responsabilité politique, puisqu'elle seule est appelée à la discussion publique de ses actes et à leur justification constitutionnelle.

Si j'avais à choisir entre ces deux moyens, le premier me paraîtrait bien préférable. Je fais assez peu de cas, je l'avoue, de cette responsabilité mobile qui quitte le lieu où elle est née, pour aller chercher bien loin celui où elle deviendra réelle, et voyage d'agent en agent, toujours maigrissant à chaque transition, jusqu'à ce qu'elle ait trouvé l'homme sur qui elle doit peser. Il y a grande chance, à mon avis, qu'après tant de déplacements, elle finira par être illusoire, peut-être même injuste. Je pense d'ailleurs que, sans donner au ministère public le même degré d'indépendance qui appartient à des juges, on doit regretter qu'il n'en ait point. Des magistrats réduits à la condition de simples agents ne sont plus des magistrats. L'autorité leur manque avec la dignité, car la dignité veut de la liberté. Il arrive de plus, par la nature des choses, qu'en un grand nombre d'occasions, en matière de crimes privés par exemple, l'action du ministère public est vraiment spontanée et libre. De là suit que sa position devient fausse dans les cas où il n'a plus ni spontanéité ni liberté ; et la fausseté de sa position fournit alors un moyen de tromper le public, à qui on parle encore de l'indépendance de ces magistrats, quand au fait, comme en matière politique, ils n'en ont plus aucune. De tout cela résulte, pour le ministère public, une situation bâtarde et menteuse qui le compromet dans l'esprit des peuples, et qui cesserait s'il était en effet une magistrature investie de quelque consistance personnelle, d'une force propre, assez indépendante pour se sentir elle-même sous le poids d'une responsabilité directe, appelée enfin à servir le pouvoir, mais sans tenir de lui tous les éléments de son importance, toutes les lois de son action.

Je le répète, je préférerais de beaucoup, et dans l'intérêt de la liberté comme des magistrats, un ministère public ainsi constitué à la subordination hiérarchique du régime purement administratif ; mais de telles choses ne sont point l'œuvre d'une génération ni d'une volonté législative. Les obtiendrons-nous un jour, et à quelles conditions une telle magistrature pourrait-elle prendre place dans notre système constitutionnel ? Je n'ai point à m'en occuper ici. Mais, à coup sûr, là où elle manque, quand les garanties de la responsabilité sociale du ministère public ne se trouvent pas dans cette mesure de spontanéité et d'indépendance qui peut se concilier avec sa mission, nous sommes en droit de les chercher dans le second moyen, dans sa subordination envers le ministère. Nous ne les obtiendrons que faibles, chanceuses ; n'importe, ce sont les seules qui nous restent. Il y a ici un grand pouvoir, un pouvoir dont l'option est en grande partie arbitraire. Il nous faut une responsabilité visible, réelle, du moins pour la discussion. Qu'on y prenne garde, nous demandons simplement la conséquence de ce qui est, le droit du fait actuel. J'affirme encore qu'en matière politique la subordination du ministère public est complète, qu'il ne possède en ce genre aucune spontanéité, que dans presque tous les cas c'est l'administration supérieure qui ordonne ou retient les poursuites, qui décide de leur convenance et de leur direction. Puisqu'elle exerce ce pouvoir, elle est tenue d'en user raisonnablement, selon l'intérêt public, tenue de prouver qu'elle en use ainsi, et responsable de l'usage excessif, inutile ou mal entendu qu'elle en peut faire.

Voici donc une première route ouverte à l'économie de la peine de mort, un premier moyen d'épargner aux tribunaux la nécessité d'appliquer souvent la rigueur des lois. Il dépend du pouvoir d'étouffer beaucoup de délits politiques sans les poursuivre. Dans l'état actuel de la société, il le peut aisément. Dans l'état actuel de la magistrature, il en a pleinement le droit, car les poursuites sont sous sa main.

Voyons les cas où il est obligé, où il juge indispensable de les entamer. Il a pu arrêter le délit avant le complet développement de son caractère légal, ou bien il pense que des châtiments sont nécessaires. Est-il dès lors tellement lié par les lois qu'aucune influence ne lui appartienne plus sur la direction des poursuites, qu'il soit contraint de pousser le criminel vers l'échafaud toutes les fois que le crime paraît susceptible d'une qualification capitale ?

Quiconque a observé depuis quelques années le cours des procès politiques, a dû remarquer deux faits. Quelquefois le jugement n'a pas répondu au titre de l'accusation ; la Cour d'assises a cru devoir, dans la position des questions, atténuer la sévérité du ministère public, et substituer à un crime capital un crime moins grave ; ou bien le ministère public lui-même a réduit ses premières prétentions, combattu même le premier arrêt qui les avait admises : c'est ce qu'a fait M. Courvoisier à Lyon, dans l'affaire Maillard. Plus souvent le ministère public s'est obstiné à qualifier très sévèrement le délit et à requérir la peine de mort. On a vu alors des juges et des jurés acquitter les accusés plutôt que de se prêter à des rigueurs excessives ; et des hommes qui peut-être eussent subi quelque peine si l'on n'avait réclamé contre eux que des peines modérées, ont été pleinement absous, parce qu'on voulait absolument les mener à l'échafaud. Je pourrais citer plusieurs exemples de ce genre, je m'en abstiens par égard pour des innocences légalement proclamées.

Que prouvent ces faits, sinon l'incertitude qui accompagne souvent la qualification des crimes politiques ? Et dans cette incertitude, qui oblige le pouvoir à les qualifier au chef le plus grave, à se montrer avide de la peine de mort, même au risque de n'obtenir aucune peine ? Si je ne me suis pas trompé jusqu'ici ; si, en matière politique, la justice, la nécessité, l'efficacité manquent presque toujours à la peine de mort, le pouvoir n'est-il pas trop heureux de ne pas se mettre aux prises avec ce doute terrible, avec les périls qui en naissent, et de rencontrer dans la nature même de ces crimes assez de flexibilité pour qu'il lui soit facile de les qualifier plus modérément ? La raison le commande, la raison de l'intérêt comme celle de l'équité ; car rien ne compromet davantage le pouvoir, que d'échouer tout à fait dans une accusation capitale ; et l'exemple a prouvé que, malgré la faiblesse de nos institutions judiciaires, il pouvait essuyer le refus du sang qu'il eût pu ne pas demander.

Il se plaint alors, je le sais, de l'insuffisance de nos lois ; il leur impute et la rigueur et le mauvais succès de ses conclusions ; elles ne m'offraient point d'alternative, dit-il ; il fallait accuser les prévenus de complot et requérir contre eux la peine de mort, ou renoncer à les poursuivre ; car au-dessous de cette qualification et de cette peine, je n'en trouve aucune qui se pût adapter au délit.

Je n'admets point l'excuse. Le Code pénal, en infligeant à la proposition non agréée de complot la peine d'un long bannissement, a ouvert aux accusations de ce nom une large porte que bien souvent il leur serait très facile de choisir. Peu de tentatives qualifiées de complot correspondent assez pleinement à la définition de la loi pour en reproduire tous les caractères ; et dès qu'il manque quelque chose à la résolution d'agir, pris et arrêtée de concert, il faut que l'accusation soit bien absurde et le crime bien imaginaire si l'on n'y retrouve pas même la proposition non agréée. Pourquoi ne pas se réduire, dès l'origine, à cette qualification ? En voici la vraie cause : on trouve la peine du bannissement trop douce ; on est sous l'empire des préjugés, de cette fausse confiance dans la peine de mort, que j'ai combattus. Au prix seul du sang, ou se croira hors du péril, et au risque de ne rien obtenir, on requiert la condamnation capitale, parce que dix années de bannissement sont ce qu'on appelle rien.

Dix assez de bannissement ne sont rien ! Eh ! bon Dieu, à quels ennemis avez-vous donc affaire ? Sont-ce des hommes si puissants, si européens, qu'ils porteront en tous lieux leur fortune, leur influence, qu'ils trouveront partout un point d'appui d'où ils pourront vous ébranler, et garderont à toute distance des bras assez longs pour vous atteindre ? Que Henri III eût redouté encore le duc de Guise réfugié à Bruxelles ; qu'Élisabeth se fût inquiétée de Marie Stuart en France ; que de Sainte-Hélène même Bonaparte fit peur à ses ennemis, cela se conçoit ; mais presque tous les conspirateurs que vous poursuivez sont des hommes sans nom, sans richesse, ignorés hors de leur canton, et qui ne trouveront à l'étranger que la misère et l'oubli. Vous vous armez alors de leur misère même ; vous dites qu'elle les poussera à tout, qu'ils tenteront tout pour rentrer et vous susciter des périls nouveaux. Il en est en effet qui l'ont osé risquer, qui ont entretenu quelques correspondances, publié des proclamations, reparu même sur les frontières de la patrie ? Quels périls avez-vous courus ? Sérieusement M. Cugnet de Montarlot vous a-t-il donné lieu de trembler ? L'administration, la police, les douanes, les gendarmes, les passeports se sont-ils trouvés sans vertu contre de si misérables desseins ? Et s'il y a vraiment quelque péril sur tel ou tel point de nos frontières, croyez-vous qu'il tienne à la présence de quelques obscurs et pauvres bannis ?

Je ne puis m'arrêter sur une telle idée. Non certes, il n'est pas vrai que la peine du bannissement soit illusoire, et si elle l'était, ce serait par de bien autres causes que par l'importance personnelle des bannis. Peu d'hommes sont quelque chose en France, hors de France ils ne sont rien.

Quand le pouvoir aurait raison, quand il serait vrai qu'il existe en effet des lacunes dans le Code pénal, et qu'en voulant infliger aux crimes politiques les peines les plus graves, nos lois ont oublié de définir des délits politiques susceptibles de moindres châtiments ; serait-il donc bien difficile d'y remédier ? Ce n'est pas chose rare que de voir l'administration venir se plaindre au pouvoir législatif de l'insuffisance des lois pénales et demander de nouvelles peines pour de nouveaux délits. D'ordinaire, je le sais, c'est d'aggravation qu'il s'agit en pareil cas ; mais s'il y avait lieu d'adoucir les lois, si la rigueur de leurs prétentions entraînait une fâcheuse impunité, les mêmes voies ne sont-elles pas ouvertes ? Qui oblige le pouvoir à demeurer dans la nécessité légale de requérir la peine de mort contre des crimes qui au fait ne la méritent point ? Qui le condamne à mettre si souvent les juges et les jurés dans l'alternative de l'impunité ou de l'injustice ? Ne lui est-il pas permis de proposer des qualifications et des peines moins violentes ? Ne serait-il pas bien venu à se montrer ainsi à la fois modéré et prévoyant, soigneux de l'ordre et ami de l'équité ? Il se peut que nos lois en matière politique exigent quelques réformes de ce genre, et que le pouvoir, en mesure de provoquer des peines plus douces, les obtînt plus aisément. Je ne vois pas ce qui lui interdit ce nouveau moyen de rétrécir le domaine de la peine de mort.

Il y gagnerait cet avantage immense de ne plus offrir à son pays, à l'Europe, le spectacle de ces continuelles accusations de grands crimes politiques dirigées contre des hommes faibles, obscurs, et qui montrent l'autorité toujours près de s'armer de toutes ses forces contre une population qui ne semblait point appelée à mettre en question le sort de l'État. Je ne pense pas que le pouvoir ait aucun profit à révéler ainsi toutes ses maladies, ou, s'il faut l'en croire, celles de la société qu'il régit. L'effet moral d'un tel spectacle est déplorable. Il est impossible de n'en pas conclure ou que la fièvre révolutionnaire possède le peuple, ou que le pouvoir est bien malhabile à le gouverner. Que des hommes de faction, en proie à l'égoïsme de passions frénétiques, se plaisent à rester que la France est pleine de lépreux, de brigands, que le désordre est toujours sur le point d'y faire rage, et que l'opposition parlementaire n'est elle-même que l'organe des intérêts les plus insociables ou des plus aveugles fureurs, cela se conçoit : l'honneur national n'a point été commis à la garde de ces hommes ; ils ne sont pas tenus de respecter leur pays, de soigner en Europe sa considération comme son repos. Mais un gouvernement y devrait songer ; il lui appartient, il lui est commandé de voiler, si elles existent, les plaies morales de la patrie, en attendant que sa bonne conduite ait réussi à les guérir. Est-ce à lui de les découvrir sans cesse, de s'en prévaloir même pour légitimer tel ou tel système d'administration ? Je ne demande ni illusion, ni mensonge ; je ne crois point que le pouvoir soit tenu de flatter la société, ni de paraître ignorer les vices ou les périls qui fermentent dans son sein. Mais est-ce donc trop exiger de lui, que de souhaiter qu'il n'en étale que ce qu'il a absolument besoin d'appeler au grand jour pour le punir ? Quel bien lui reviendrait de faire voir son pays si souvent troublé et lui-même menacé si souvent par de telles agitations ? Ce fut toujours une triste et périlleuse situation pour un gouvernement que de vivre surtout des fautes et des erreurs de son peuple, de chercher sa force dans la manifestation, l'exploitation des faiblesses passées ou présentes de son pays. Le pouvoir ne sait-il pas d'ailleurs que le désordre est contagieux, surtout après les grandes crises, et que rien n'importe tant alors que d'en étouffer les symptômes pour en écarter les tentations ? On se promet beaucoup de l'exemple ; et on oublie que, s'il y a l'exemple de la peine, il y a aussi l'exemple du crime, souvent plus efficace que le premier. Qui doutera que, dans un pays où le vol serait rare, la rareté seule en combattra l'idée plus puissamment que ne ferait ailleurs le plus sévère châtiment des voleurs ? Comment méconnaître de si évidentes analogies ? On les a observées mille fois ; on a vu le meurtre appeler le meurtre, les incendiaires produire les incendiaires ; les dispositions perverses de l'homme se réveillent à l'appel qui leur est ainsi adressé ; et quand elles se sont une fois lancées dans la carrière, la rigueur des lois s'exerce longtemps contre elles avant de les en détourner. Ce péril est plus grand en fait de crimes politiques qu'en toute autre occasion, car les dispositions qui y portent se font bien plus aisément illusion sur elles-mêmes, et excitent, dans le public qui les environne, bien moins de méfiance et d'aversion. Quelle folie donc de la part du pouvoir que de leur adresser ces provocations continuelles qui naissent de la vue de semblables procès ! On ne saurait vraiment trop admirer son inconséquence ; la publicité des débats judiciaires non seulement le gêne, mais l'effraie ; il s'applique à en faire ressortir les inconvénients en en taisant les incomparables avantages ; on y apprend, dit-il, les tentations avec les secrets du crime ; et il ne prend pas soin de rendre ce spectacle rare, de n'ouvrir qu'à la dernière extrémité cette école dont il redoute les leçons ! Comment ne voit-il pas que, si elles étaient et moins fréquentes et moins solennelles, elles auraient bien moins d'empire ? Leur solennité dépend beaucoup de la gravité des peines en perspective ; le public ne porte pas à un procès où il ne s'agit que de quelques années d'emprisonnement, le même intérêt qu'à celui où il s'agit de la vie. Si jamais le pouvoir savait lire dans l'âme des spectateurs d'un tel débat ; si toutes les idées, toutes les émotions qu'il soulève se dévoilaient à ses yeux, il en serait lui-même épouvanté, et à coup sûr il douterait du profit qu'il s'était promis d'en recueillir. Mais, léger et imprévoyant, il les ignore ; il ne sait pas que toutes les démarches, toutes les paroles de l'accusé politique qu'on pousse à l'échafaud deviennent le sujet des entretiens les plus animés, des plus entraînants commentaires, que les moindres détails de son sort excitent les sentiments les plus vifs, les plus obstinés, même chez des hommes qui n'auraient point fait ce qu'on lui impute, qui prendraient à lui un assez médiocre intérêt, si la terrible destinée qui pèse sur lui ne mettait en jeu toutes les puissances morales, n'allait remuer au fond des cœurs tous les éléments de la pitié et de la sympathie. Voilà l'effet des poursuites politiques qui marchent vers la peine de mort ; effet mystérieux dans son étendue, mais infaillible, et qui déjoue, en ceci, les espérances du pouvoir, bien que le pouvoir ne sache pas combien lui coûte ce qu'il croit avoir gagné. Je pourrais continuer : les conséquences se pressent en foule, et toutes proclament que la plus vulgaire prudence, l'intérêt le plus personnel conseillent au pouvoir d'abaisser le taux de ses accusations politiques, d'en diminuer le nombre, d'user de tous les moyens dont il dispose pour déjouer les complots sans les poursuivre, de ne réclamer enfin la peine de mort que très rarement. Je devrais dire aussi rarement que seront rares sa vraie justice et sa vraie nécessité. Voilà quel emploi ferait de son influence sur les poursuites, une administration habile et sage ; voilà comment, sans se désarmer, sans ébranler les lois, elle introduirait dans le gouvernement des pratiques conformes à l'état actuel de la société, à l'instinct des mœurs et aux intérêts réels du pouvoir. C'est pour de tels usages que lui est laissée, même ici, cette part d'arbitraire partout inséparable de la conduite des choses humaines. En vain elle nierait qu'elle la possède et s'en puisse servir de telle ou telle façon. Le pouvoir a des ruses contradictoires : tantôt, quand les lois le gênent, il réclame l'arbitraire ; tantôt, quand la responsabilité de l'arbitraire lui pèse, il soutient qu'il n'en a point et se prétend le simple exécuteur des lois. Mais ces sophismes n'abusent personne ; la vérité les traverse aisément ; et quand les procès politiques se multiplieront outre mesure, quand la peine de mort sera continuellement invoquée, c'est au pouvoir, non aux lois, qu'on s'en prendra. J'ai montré comment, soit avant les poursuites, soit par leur direction, il pouvait resserrer le domaine légal des supplices. Voyons quelle influence lui appartient encore après le jugement.

10

## DU DROIT DE GRÂCE.

Je rencontre ici des préventions d'une autre sorte, aussi peu fondées à mon avis, mais que je respecte davantage, parce que je les crois plus désintéressées et plus sincères. Quelques personnes pensent que le droit de grâce est un droit purement royal, à l'exercice duquel le ministère est absolument étranger, et dont le roi dispose seul, uniquement dans des vues de clémence ou d'équité personnelle, sans qu'aucune responsabilité ministérielle s'y puisse attacher et en faire, selon les occasions, un moyen de gouvernement.

C'était aussi l'avis de l'assemblée constituante ; qu'en résulta-t-il ? Que, dans la constitution de 1791, le droit de grâce fut supprimé.

Ce fut une grande erreur, nul n'en est plus convaincu que moi ; mais l'erreur découlait avec conséquence de l'idée qui dominait encore les esprits. Sous le régime constitutionnel, et quand l'inviolabilité du monarque se fonde sur la responsabilité des ministres, nul pouvoir de fait ne saurait lui appartenir, nul acte ne saurait émaner de lui que cette responsabilité n'en soit la compagne inséparable. Sans cela, où l'inviolabilité royale prendrait-elle sa raison, c'est-à-dire sa garantie ?

L'assemblée constituante savait cette nécessité ; et cependant, par l'empire des anciennes habitudes, le droit de grâce s'offrit encore à sa pensée comme un droit purement personnel et irresponsable de sa nature. Elle en conclut qu'il ne devait pas subsister.

Il est rétabli, et avec grande raison, comme tant d'autres droits dont la révolution imprévoyante avait dépouillé le pouvoir royal ; mais en même temps, et comme tous ces droits, il est rentré sous l'empire du principe qui est la condition permanente et tutélaire de ce pouvoir. Le roi, conseillé et inviolable en toutes choses, l'exerce sous le contre-seing d'un ministre qui en revêt dès lors la responsabilité.

Que les personnes qui en doutent encore ne repoussent pas tout examen. Elles ont déjà abandonné deux opinions analogues ; elles disaient aussi que le droit de dissoudre la chambre des députés et celui de créer des pairs étaient également des droits personnels au roi, affranchis de toute responsabilité ministérielle. En 1816 et en 1819, évidemment par le conseil du ministère, le roi les a exercés l'un et l'autre. Telle a été la puissance des faits qu'il a bien fallu rendre hommage à la vérité des principes, et admettre la responsabilité à la suite de ces actes de gouvernement. Les membres les plus violents comme les hommes les plus éclairés du parti maintenant en pouvoir, l'ont proclamée et invoquée contre le ministre auquel ils les imputaient, et qui, je pense, ne la refuserait pas plus aujourd'hui qu'il ne fit alors.

Le droit de grâce n'est pas d'une autre nature, car il n'est point situé en dehors de la sphère constitutionnelle et n'y occupe peut-être pas une place moins importante. C'est en avoir une trop petite idée que de le considérer comme uniquement destiné à faire éclater la bonté personnelle et bénir le nom du prince. Il peut produire cet effet, et c'est un de ses avantages ; mais il se fonde sur des causes plus étendues et des intérêts plus généraux. En fait, c'est un débris du droit de justice, un reste des temps où les princes, jugeant eux-mêmes, pouvaient, selon l'occasion, condamner ou absoudre. Par les progrès de l'ordre social, le droit de juger est sorti des mains du prince, il a retenu celui de pardonner. Grand exemple de cette sagesse mystérieuse qui préside aux développements de la civilisation et qui, à l'insu des hommes, fait jaillir, du sein des faits, des institutions et des usages conformes à ces vérités éternelles dont la sagesse humaine seule n'eût point découvert les lois ! Ballottée entre le besoin de la justice et l'impossibilité d'accorder à la volonté perverse ou capricieuse de l'homme le droit de la régler, la société a ressenti d'abord les périls de l'arbitraire ; pour s'en affranchir elle a établi des lois fixes et des juges indépendants ; tous ses efforts se sont dirigés contre l'influence des volontés individuelles sur les jugements ; elle a essayé d'écrire d'avance la justice, d'enchaîner d'avance les juges. Une grande amélioration a résulté de ces efforts. Mais l'infinie vérité n'a pas voulu se laisser saisir tout entière ; l'insurmontable nature des choses n'a pas consenti à se reconnaître toujours dans le texte des lois. Après avoir lutté contre l'arbitraire, il a fallu y recourir ; et de même que la précision des jugements légaux avait été invoquée contre les imperfections de l'homme, de même la conscience de l'homme a été invoquée contre l'imperfection des jugements. Ainsi la nécessité de l'arbitraire, indomptable pour notre faiblesse, s'est fait sentir après ses dangers ; et à défaut de ce juge infaillible qui manque sur la terre, la liberté que la loi avait voulu s'assujettir pour la régler, est venue, à son tour, au secours de la loi.

Tel est l'inévitable cercle vicieux des choses humaines. On le retrouve partout ; et l'erreur immense de l'assemblée constituante, dans ses théories comme dans ses institutions, fut de méconnaître cet élément fondamental de notre condition, de supposer que la vérité, la raison, la justice pouvaient appartenir, pleines et parfaites, à certaines formes, à certains pouvoirs, et qu'ainsi il était possible de bannir complètement l'arbitraire : tentative orgueilleuse qui ne mène qu'à la tyrannie. Elle devait être bientôt déjouée, car elle est en opposition directe avec le système de gouvernement que réclament aujourd'hui tous les peuples et que l'assemblée constituante voulait fonder. C'est l'éclatante vertu du gouvernement représentatif d'accepter franchement, en un grand nombre de cas, l'impérieuse nécessité de l'arbitraire et d'y remédier aussitôt en y attachant la responsabilité. Plus nous ferons de progrès dans ce système, plus nous nous convaincrons que la responsabilité, sous toutes les formes, par les moyens les plus divers, morale ou légale, directe ou indirecte, en est le caractère essentiel et le plus puissant ressort : système complet et admirable donc, puisqu'en même temps il reconnaît la faiblesse de notre nature et en respecte la dignité. Il est impossible, dans ce système, que partout où se rencontre un pouvoir arbitraire, quelque nécessaire que soit sa présence, la responsabilité ne s'en saisisse soudain. S'il en était autrement, le système entier serait démenti, c'est-à-dire menacé. Le droit de grâce ne saurait prétendre en ceci à aucun privilège. En a-t-on bien sondé la nature ? C'est le droit de suspendre, d'anéantir la loi ; c'est ce *dispensing power* qui a été l'une des causes de la lutte terrible de la nation anglaise et des Stuarts. Les rois d'Angleterre soutenaient aussi qu'il leur appartenait de reconnaître, dans des cas particuliers, l'injustice ou l'imperfection de certaines lois et d'en exempter alors tel ou tel citoyen. Le pays ne voulut jamais avouer ce droit, et il eut raison. Toutes les lois, tous les droits publics en eussent été énervés. La responsabilité ministérielle peut seule, en s'appliquant à l'exercice du droit de grâce, préserver la société d'un semblable péril, car si elle demeure étrangère à quelque fonction du pouvoir, elle le sera bientôt à d'autres. Le *dispensing power* des Stuarts voulait bien aussi se réduire au droit d'exempter les catholiques de certaines clauses pénales ; mais le parlement savait fort bien qu'en politique comme en morale, il faut extirper les mauvais principes, car ils ne se laissent ni cantonner, ni frapper de stérilité.

Où se cacherait d'ailleurs le mensonge ? Qui ne sait que dans l'exercice du droit de grâce comme de tout autre, le roi se décide communément d'après l'avis des ministres, seuls en mesure d'étudier les affaires et de lui soumettre les motifs de décision ? Qui ignore qu'en toute occasion, les recours en grâce sont adressés au ministre de la justice, et deviennent, dans ses bureaux, l'objet d'un examen que suit un rapport au roi, d'après lequel le roi accorde ou refuse sa clémence ? Elle est libre, pleinement libre ; mais elle doit, elle veut être éclairée ; et si je ne me trompe, quand de telles demandes sont directement adressées au souverain, il en ordonne lui-même le renvoi à son ministre, pour que le cours régulier de l'administration ne soit jamais interrompu. En matière politique, cette régularité est encore plus scrupuleuse, car alors la sévérité ou la clémence se peuvent rattacher à toute la conduite du ministère, et à l'état général du pays. Aussi de telles affaires sont-elles toujours l'objet des sérieuses délibérations du conseil. Peu importe que la volonté qui en sort soit ou non conforme à l'avis des ministres : dès qu'ils ne se retirent point et l'exécutent, ils l'ont acceptée ; elle appartient à leur responsabilité, comme toutes les volontés royales, dont nul ne sait mieux le secret. Ils n'ont donc nul droit de s'en dire affranchis ; ils ont donné leur avis, accompli leur mission, ils en répondent. Le manteau de l'inviolabilité royale est inviolable lui-même, nul ne peut prétendre à s'en couvrir.

Le droit de grâce ainsi ramené sous la loi commune des principes constitutionnels et dans le domaine de la haute administration, est-ce un moyen de gouvernement dont elle puisse aujourd'hui tirer de grands avantages, et en matière de crimes politiques quel emploi en doit-elle conseiller ?

À ceux qui persisteraient à n'y voir qu'une ressource offerte à la clémence envers des individus, et non un instrument de politique, un moyen de gouvernement général, Montesquieu a répondu pour moi : « C'est un grand ressort des gouvernements modérés que les lettres de grâce, dit-il ; ce pouvoir que le Prince a de pardonner, exécuté avec sagesse, peut avoir d'admirables effets. »

En peut-il être autrement ? C'est surtout pour les crimes politiques que le droit de grâce semble réservé, pour ces crimes d'une nature quelquefois équivoque, auxquels se peuvent allier des erreurs sincères, des sentiments dignes d'intérêt, où la société ne paraît pas toujours évidemment et tout entière menacée, dont le péril, qui en est le principal élément, est dissipé, où l'exemple du mauvais succès enfin a plus d'efficacité que celui du châtiment. En fait de crimes privés, la grâce suppose l'erreur ou du moins l'excessive sévérité du jugement ; elle peut avoir ainsi l'inconvénient d'ébranler l'autorité de la justice légale ou la confiance dans la sagesse des lois ; trop multipliée, elle indiquerait dans les tribunaux ou dans les codes, des vices à réformer ; elle ferait de la clémence royale un nouveau degré de juridiction, un tribunal d'équité appelé à réviser souverainement tous les jugements criminels, et n'offrant, dans l'instruction administrative qui précéderait les sentences, ni dans leurs formes, aucune des garanties sagement exigées des tribunaux ordinaires. En fait de crimes politiques, nul de ces inconvénients n'est à redouter ; ici la grâce n'implique ni l'erreur des premiers juges ni même, sous le point de vue légal, la rigueur démesurée de leur arrêt. Elle ne compromet et n'ébranle en aucune façon leur autorité ; elle révèle simplement l'intention où est le souverain de traiter avec douceur ceux-là même de ses sujets dont il peut se plaindre ; intention toute morale ou politique, qui n'a rien à démêler avec les lois, n'altère point leur crédit, et s'adresse à un ordre de sentiments ou d'idées complètement étranger à celui où la justice légale se meut. On peut même présumer que, dans cette sphère, l'habitude de la clémence, loin de décourager la sévérité des jurés ou des juges, la laisserait moins timide et plus libre. Idée si naturelle, que le public a quelquefois semblé croire que telle condamnation politique n'avait été prononcée qu'à raison de la perspective d'une grâce qui en atténuerait la rigueur. Ainsi, avec l'économie du sang, on gagnerait peut-être la facilité de l'exemple ; le pouvoir aurait tout le mérite de la modération, et les citoyens qui, dans les cours d'assises, hésitent souvent, avec grande raison, quand il faut envoyer un homme à l'échafaud, manifesteraient avec moins d'angoisse leur désapprobation de ses tentatives ou de ses desseins.

On craint les effets de l'impunité ; on craint cette confiance de l'audace qui, dans la modération, suppose la faiblesse ou même la peur. Je n'ai jamais vu taxer de faiblesse que les gouvernements vraiment faibles ; et quant à ceux-là, je n'en sache aucun pour qui la rigueur ait valu ou suppléé la force qui lui manquait. C'est l'erreur la plus obstinée du pouvoir que de prendre en toute occasion les effets pour les causes. Le mécontentement est-il général, il l'impute aux symptômes qui le manifestent. Des gouvernements forts ont été rigoureux, il en conclut que tout gouvernement rigoureux sera fort. J'ai déjà repoussé cette absurde méprise, je la trouve ici dans toute sa nudité. Sans doute il se peut que la douceur s'allie à la faiblesse et que la malveillance s'en encourage ; mais ce n'est pas de la douceur que viendra le mal, c'est de la faiblesse, de la faiblesse réelle et qui se trahira dans la sévérité comme dans la clémence. J'ai honte d'insister sur ces lieux communs du plus simple bon sens ; mais qu'y faire ? Quand l'erreur est vulgaire, c'est par la vérité vulgaire qu'il faut lui répondre. Qu'appelez-vous d'ailleurs l'impunité ? Est-ce le bannissement, l'emprisonnement, la déportation ? Ce sont les peines dont vous disposez après une condamnation à mort et que vous pouvez lui substituer ; plaisante impunité ! Ne voyez-vous pas que de semblables commutations sont dans une singulière harmonie avec l'état actuel des mœurs et la nature des périls politiques ? Nous ne sommes plus dans ces temps de passions longues et indomptables, qui survivaient aux souffrances, aux fers, et se retrouvaient, après vingt ans d'impuissance ou de captivité, dans toute leur énergie. De tels sentiments appartiennent à des époques où la liberté même est triste, où la vie offre peu de distractions et de plaisirs, où les idées qui occupent l'esprit de l'homme sont simples, peu nombreuses, ne se livrent pas réciproquement ces combats qui agitent et font flotter l'âme humaine au milieu d'une civilisation très avancée.

Maintenant la prison, l'exil enlèvent l'homme à une existence commode et douce ; il y regrette mille jouissances qu'il ignorait jadis, et reçoit ainsi de la peine de bien plus efficaces avertissements : et cependant il n'éprouve pas, dans l'exil ou la prison, ces rigueurs, ces violences féroces qui jadis l'irritaient profondément, le rendaient d'autant plus intraitable qu'il avait été plus malheureux. Aujourd'hui, même sans liberté, ses souffrances matérielles ne sont pas telles qu'il ne puisse revenir dans sa pensée sur les causes de son infortune, reconnaître ses imprudences ou ses erreurs, se calmer peut-être, s'intimider du moins, et rentrer un jour dans la vie, libre, plus affaibli que courroucé. Un pouvoir tant soit peu habile trouverait, j'en suis sûr, dans ces conséquences de notre état social mille moyens d'agir sur les ennemis condamnés dont il aurait épargné la tête. Qui le presse d'ailleurs de la frapper ? Les périls politiques ne sont pas immuables : réels aujourd'hui, dans deux ans peut-être ils auront disparu ; et tel homme qui aujourd'hui s'en était fait l'instrument n'aura alors ni la puissance ni même l'idée de nuire au gouvernement raffermi. Un brigand, un assassin volent ou tuent pour leur propre compte, par des motifs purement personnels, et sans s'inquiéter de savoir si les dispositions de la société leur sont favorables, s'ils en recevront prétexte ou appui ; ils savent fort bien qu'ils n'y peuvent jamais compter. Mais les crimes politiques ne s'isolent point de la sorte ; à tort ou raison ils sont en rapport avec l'état du public, ils s'en promettent excuse ou même secours ; ce sont, jusqu'à un certain point, des crimes de circonstance, et qui ne seraient pas commis ni peut-être conçus si les circonstances étaient différentes. Pourquoi tuer si vite quand les circonstances peuvent changer ? Le péril présent est prévenu ; le condamné est sous la main du pouvoir, qui, en renonçant à sa mort, peut cependant le retenir dans l'impuissance tant que durera le danger. Le danger passé, à quoi bon la rigueur ? Est-il donc si difficile de garder en réserve la plénitude de la clémence pour les jours de la sécurité ? Si vous n'avez cette prévoyance, si vous vous hâtez de consacrer des arrêts irrévocables, savez-vous ce qui arrive ? De deux choses l'une : ou le trouble et le péril vont croissant, et on vous demande compte de vos inutiles rigueurs. Que si la chance vous est meilleure, si le péril s'éloigne, si l'orage s'apaise, eh bien alors, quand la sûreté vous a été rendue, quand la société ne voit plus dans votre pressant danger le motif de votre rigueur, elle oublie que le danger a été pressant, que la rigueur a eu ses motifs ; elle ne garde que la mémoire de vos refus, et dominée par cet instinct du vrai qui ne nous permet plus d'attribuer à la mort de quelques hommes le retour de l'ordre et de la paix, elle se dit que vous les avez sacrifiés à vos peurs ou à vos vengeances, que vous auriez pu les épargner sans danger.

Elle a raison de le penser, et le fait qui se révèle avec évidence dans le sentiment qui l'y porte, c'est l'inutilité politique de la peine de mort. Il faut la voir à distance pour en bien juger les effets, et plus d'une fois les gouvernements ont eu à regretter d'en avoir perdu la possibilité que le droit de grâce leur offrait. Entraînés, par les passions ou les périls du moment, à lui laisser un libre cours, ils se sont plus tard trouvés en présence d'engagements et de souvenirs dont ils ont déploré le poids. Au milieu de la mobilité des choses humaines, c'est une grande faute au pouvoir que de se lier par des actes irrévocables. Un jour peut venir où le sang versé, oublié peut-être en apparence, bouillonnera tout à coup entre lui et des hommes dont il aurait besoin. Telles étaient jadis la brutalité des mœurs et la puissance des intérêts personnels, que de pareils obstacles tombaient aisément devant de nouvelles situations. Aujourd'hui, et malgré l'impérissable légèreté de notre nature, ils sont plus réels, plus difficiles à surmonter, car l'opinion publique leur prête une force qu'ils ne tireraient pas toujours de la constance des sentiments individuels. Le sage emploi du droit de grâce les écarte, pour ainsi dire d'avance, et laisse au pouvoir une liberté, une facilité de mouvements qu'il lui importe beaucoup de conserver. En quoi consiste la sagesse sinon dans la prévoyance ? Que les gouvernements aient celle-là, et je doute qu'ils usent souvent de la peine de mort.

Voici une dernière considération. J'ai hésité à la présenter, je ne voudrais pas qu'on pût m'accuser de conseiller la lâcheté ; cependant je l'écrirai, car elle est vraie. Jadis les dépositaires du pouvoir, ministres ou autres, engageaient dans les grandes luttes politiques leur vie comme leur situation. C'était la nécessité des temps que de tels combats eussent toujours un caractère révolutionnaire, et qu'on n'y pût succomber pour retrouver librement la sécurité dans le repos. Le système constitutionnel et les mœurs ont changé cette sombre condition des hommes publics ; ils peuvent maintenant tomber sans péril, rentrer même aussitôt dans la lice pour ressaisir le pouvoir. Les peuples en sont bien mieux gouvernés et les gouvernants bien plus sûrs. Que rien n'altère ce nouvel aspect de la carrière politique, que rien n'y fasse rentrer de plus tristes chances. Des ministres s'abuseraient s'ils se promettaient d'échapper à la responsabilité qui pèse sur eux, en disputant sur ses limites. Quand les faits deviennent graves, quand les plus sérieux intérêts ont été compromis, les subtilités perdent leur empire ; tout se décide par des idées simples, et on répond alors de toute sa conduite, de tous les conseils qu'on a donnés ou omis. Je sais qu'une telle perspective, s'offrît-elle jamais aux yeux de l'homme public, ne doit le détourner d'aucun devoir ; elle lui impose du moins l'obligation d'y bien regarder, de ne pas croire légèrement à de prétendues nécessités, de ne pas se payer, aux jours de sa puissance, d'excuses frivoles, sans valeur après les revers ; de réduire, autant qu'il est en lui, le rôle, si heureusement atténué, de la mort dans la politique ; d'user enfin à cet effet, dans ses fonctions de conseiller du trône, de toute la force que lui prête la responsabilité qui l'attend.

11

# CONCLUSION.

J'ai voulu relire, en finissant, ce Traité où sont déposés, dit-on, les plus intimes et les plus odieux secrets de la tyrannie, le *Traité du Prince*. J'y trouve un passage que je veux citer. Les expressions, quelques idées même correspondent aux mœurs et à la politique du seizième siècle bien plus qu'aux nôtres ; il y est parlé surtout d'inimitiés et de trahisons personnelles, d'assassinats, de ces périls politiques qui appartiennent plutôt à la lutte féroce des ambitions individuelles qu'à celle des intérêts généraux ou des divers systèmes de gouvernement. Cependant il est bon de savoir ce que pensait des complots et de leur importance, un grand homme qui, vivant au milieu des supplices et des factions, observateur impassible des faits et de leurs résultats, avait entrepris d'enseigner aux gouvernements par quelle prudence ils peuvent durer.

« Un des plus puissants remèdes, dit Machiavel, qu'ait un prince contre les conspirations, c'est de n'être ni haï ni méprisé par la masse. L'homme qui conspire croit toujours que, par la mort du prince, il satisfera le peuple ; s'il croit au contraire que le peuple en sera offensé, il n'aura point le courage de prendre un tel parti, car les difficultés qu'ont à surmonter des conspirateurs sont infinies. On voit, par l'expérience, qu'il y a eu beaucoup de complots, fort peu qui aient réussi. Celui qui conspire ne peut agir seul, ni choisir ses compagnons ailleurs que parmi les hommes qu'il juge mécontents. Or, dès que vous avez découvert votre âme à un mécontent, vous lui avez fourni les moyens de sortir de son mécontentement, car, en révélant le dessein, il peut espérer toutes sortes d'avantages. Voyant donc d'une part le profit assuré, et de l'autre ne l'apercevant que douteux ou plein de péril, il faut qu'il soit ou un ami bien rare, ou un ennemi bien obstiné du prince pour vous garder sa foi. Pour réduire la chose aux plus simples termes, je dis que, du côté des conspirateurs, tout est peur, méfiance, crainte du châtiment ; tandis que, du côté du prince, sont la majesté du pouvoir, les lois, les forces de ses amis et de l'état qui le défendent. Qu'à tout cela s'ajoute la bienveillance publique, il est impossible que personne ait la témérité de conspirer. Tandis que d'ordinaire un conspirateur a beaucoup à redouter avant l'exécution du crime, ici il doit craindre même après ; car, le crime accompli, il aura le peuple pour ennemi et ne pourra espérer aucun refuge. On pourrait donner à ce sujet un nombre infini d'exemples, je me contenterai d'un seul qu'ont vu nos pères. Annibal Bentivoglio, qui gouvernait Bologne, ayant été assassiné par les Canneschi dans une conspiration, et ne laissant d'autre héritier que Jean encore au berceau, le peuple se souleva après ce meurtre et massacra tous les Canneschi, effet de la bienveillance populaire dont jouissait alors à Bologne la famille des Bentivoglio...... De tout cela, je conclus qu'un prince doit tenir peu de compte des complots, s'il a la bienveillance du peuple ; mais si le peuple lui est ennemi, qu'il craigne toute chose et tout citoyen.\* »

Je ne veux pas être si confiant que Machiavel, ni aller jusqu'à dire que la popularité du pouvoir suffit pour décourager l'audace des conspirateurs. Mais si, au seizième siècle, le plus profond praticien de la politique italienne pensait que la force du pouvoir contre les complots ne réside point dans les supplices, qu'elle est dans la satisfaction des intérêts généraux, dans le système de gouvernement qui leur convient, que sera-ce donc de nos jours ? Machiavel trouvait les complots très difficiles, et les peines capitales très insuffisantes quand le pouvoir n'était pas populaire : maintenant qu'il s'agit de remuer des masses, de lutter contre la puissante organisation de grands gouvernements, les conspirateurs rencontreraient-ils moins d'obstacles ? Les peines capitales auraient-elles plus de vertu ? J'ai eu occasion de le dire ailleurs : la tâche de la politique et de la justice sont distinctes, plus distinctes aujourd'hui qu'elles ne le furent jamais : l'une ne saurait suppléer l'autre. Si la politique ne sait pas suffire à la sienne : si elle méconnaît ou offense le vœu public, en vain contre des individus elle appellerait les supplices à son secours. Les supplices détruisent des

---

\* *Il Principe* c. XIX ; *Opere di Nic. Machiavelli*, t. VI, p. 316-318.

hommes, ils ne changent ni les intérêts ni les sentiments des peuples. Que demandé-je ? Ce n'est ni la mollesse ni l'impunité. Pour combattre une rigueur inutile, j'ai recueilli simplement des faits ; j'ai montré que, contre des périls moraux, contre des forces générales, cette rigueur est sans efficacité. Ce caractère de généralité que portent maintenant les dangers du pouvoir doit se retrouver aussi dans ses moyens. Il peut tuer un, deux, plusieurs individus, châtier sévèrement un, deux, plusieurs complots ; s'il ne sait que cela, il se retrouvera toujours en présence des mêmes périls, des mêmes ennemis. S'il sait faire autre chose, qu'il se dispense de tuer, il n'en a pas besoin ; de moins terribles coups lui suffisent. Il verra, comme dit Machiavel, qu'un gouvernement protégé par le sentiment public doit tenir peu de compte des conspirations, car les complots eux-mêmes deviendront aussi impuissants contre le pouvoir, que la peine de mort est impuissante contre les complots.

Copyright © 2024 by ALICIA EDITIONS
Crédits image : Canva, Wikipédia Commons
Gravure de Franscisco GOYA, Musée du Prado de Madrid, Les désastres de la Guerre, Real Academia de Bellas Artes de San Fernando, 1863.

https://commons.wikimedia.org/wiki/File:Prado_-_Los_Desastres_de_la_Guerra_-_No._15_-_Y_no_hai_remedio.jpg

Tous droits réservés

www.ingramcontent.com/pod-product-compliance
Lightning Source LLC
LaVergne TN
LVHW092009090526
838202LV00002B/69